知 识 产 权 研 究 文 丛

福建省社会科学规划项目"基于市场交易价值的专利侵权
损害赔偿规则构建研究"（FJ2018B009）的最终成果

# 基于市场交易价值的专利侵权损害赔偿规则构建研究

李 晶 ■ 著

知识产权出版社
全国百佳图书出版单位
—北 京—

**图书在版编目（CIP）数据**

基于市场交易价值的专利侵权损害赔偿规则构建研究 / 李晶著 . — 北京：
知识产权出版社，2022.12

ISBN 978-7-5130-8502-1

Ⅰ.①基⋯　Ⅱ.①李⋯　Ⅲ.①专利侵权—赔偿—研究—中国　Ⅳ.① D923.404

中国版本图书馆 CIP 数据核字（2022）第 235117 号

责任编辑：刘　睿　邓　莹　　责任校对：潘凤越

封面设计：张国仓　　　　　　　责任印制：孙婷婷

# 基于市场交易价值的专利侵权损害赔偿规则构建研究

JIYU SHICHANG JIAOYI JIAZHI DE ZHUANLI QINQUAN SUNHAI PEICHANG GUIZE GOUJIAN YANJIU

李　晶　著

| | |
|---|---|
| 出版发行：**知识产权出版社** 有限责任公司 | 网　　址：http://www.ipph.cn |
| 社　　址：北京市海淀区气象路50号院 | 邮　　编：100081 |
| 责编电话：010-82000860转8346 | 责编邮箱：dengying@cnipr.com |
| 发行电话：010-82000860转8101 | 发行传真：010-82000893 / 82005070 / 82000270 |
| 印　　刷：北京建宏印刷有限公司 | 经　　销：新华书店、各大网上书店及相关专业书店 |
| 开　　本：880mm×1230mm　1/32 | 印　　张：6.125 |
| 版　　次：2022年12月第1版 | 印　　次：2022年12月第1次印刷 |
| 字　　数：150千字 | 定　　价：46.00元 |

ISBN 978-7-5130-8502-1

献给我的父母

# 前　　言

　　本书力图构建以"法定赔偿规范化、顺位设计均衡化、创新保护分类化、专利成果市场化"为实施路径，有效促进创新驱动发展战略，基于市场交易价值的专利侵权损害赔偿规则。

　　本书第一章对专利侵权损害赔偿与专利创新绩效关系的基础理论作出研究。首先回顾侵权损害赔偿制度的基本理论与制度目标。传统侵权责任以填平权利人的实际损失为基本原则，在具体司法适用中，以专利商业信息作为该制度的逻辑起点，对此，我国既有立法体系中有明确体现。但是，结合专利侵权经济层面新形势发展，填平原则事实上并不能实现实质正义，原因是知识产权市场价值与传统物权的评价标准并不一致，而且在具体司法裁判中，专利商业信息获取难度较高，从而架空了具体的专利侵权损害赔偿中的赔偿金额计算规则。因此，本书提出超越填平原则理论的市场价值契合理论，即专利侵权问题不应仅简单考虑法律事实层面权利人的经济损失，还需结合专利的市场经济价值，尤其是损害赔偿与专利市场价值之间的关联性，从而多维度地全面评价权利人因专利侵权行为所遭受的经济损失，以实现实质正义，即专利的市场价值是专利侵权损害赔偿的基础，是损害赔偿司法定价的逻辑起点和经济依据。此时，以专利的合理价值作为损害赔偿的逻辑起点，有助于创新驱动的政策落地，原因是：以专利市场价值分析为专利侵权损害赔偿数额厘定的起点不仅有助于司法裁判，亦能够反向全面地反映涉案专利的市场价值，从而促进专利市场化。因此，有必要将专利创新绩效作为侵权损害赔偿的评价指标。专利创新绩效是在技术创新绩效的基础上，充分考虑专利应用化、商业化等专利活动的评价指标，指企业在专利创新过程中的效率、产出结果及对商业成功的贡献。将专利商品化效益及专利证券化效益两项指标纳入专利创新绩效的经济效益范畴，有别于传统的评价体系，更好地体现了专利的市场价值。由此能够加强企业的专利创新积极性，有效地促进科技创新。在此基础上，本书提出专利进入市场的时间标准。这一标准提出的原因是新专利并不满足专利创新绩效指标中的具体评价的基础信息要求，通过专利进入市场的时间标准，可以解决专利创新绩效指标适用范围不足的现实问题。

本书第二章着重对专利侵权损害赔偿的合理许可费规则进行法经济学分析。合理许可费规则作为专利侵权损害赔偿填平原则中较为特殊的规则，相较于实际损失规则与侵权获利规则能够更直接地反映出专利"市场交易价值"，但在我国司法实践中并未发挥应有作用。通过对我国司法实践的考察可知，我国对合理许可费规则的适用非常保守，多年来少有适用该规则的案例，但这并不是该规则存在理论障碍或现实障碍的原因。我国司法实践中，合理许可费规则以专利的既成许可费作为该规则的适用要件，而既成许可费本身即是专利商业化的直接体现，能够直接表明涉案专利的市场交易价值。因此，本书通过对合理许可费规则的法经济学分析，从经济视角对合理许可费规则的完善提供科学依据，能够弥补该规则作用欠佳的缺憾。结合我国经济发展现状，更多地适用合理许可费规则可能导致中短期内我国企业进行累积创新的成本增加，这与当下我国市场中科技相关产权由国外企业掌握这一现实不无关系。然而，结合我国企业发展现状，合理许可费规则的负面效果从长远来看会得到改善。同样基于这一现实要素，专利流氓的市场行为或许会得到激励，从而导致司法案件增多。与此同时，法官自由心证的不确定性与自由裁量权的空间过大，亦是该规则普遍适用的成本。但从收益来看，专利侵权判赔额过低是现阶段权利人普遍反映的问题之一，适用合理许可费规则能够有效矫正作为主导性法定赔偿规则补偿不足的现实问题。而且，通过提升专利侵权判赔额度，能够激励权利人采取更多措施以寻求救济，刺激专利市场的发展。概言之，从长远来看，以专利市场价值作为专利侵权损害赔偿的重要评价指标，有益于我国专利市场、科技创新的长治久安。

本书第三章着重对专利侵权的惩罚性赔偿问题进行法经济学分析。惩罚性赔偿与填平原则相互补充，共同发挥作用，以维护专利市场的应有秩序。与合理许可费规则相类似，通过实证数据的考察，加强惩罚性赔偿规则的适用亦可能在中短期内增加我国企业进行累积创新的经济成本，更重要的是，根据威慑理论，惩罚性赔偿可能对中国企业的"边际合法行为"产生过度震慑。同时，惩罚性赔偿规则的适用将直接刺激专利许可费的提升，为我国中小型企业寻求技术许可增加经济上的障碍，减缓我国企业的创新效率。惩罚性赔偿的适用或许能够比合理许可费规则更为明显地刺激专利流氓的市场行为，并对后续司法活动施以更多压力。反观之，首先，惩罚性赔偿制度最重要的效益在于该制度能够有效矫正现有补偿性赔偿金制度下存在的"履行差错"给侵权受害人造成的效率损失。其次，惩罚性赔偿制度有助于实现对故意侵权人的必要震慑。损害赔偿意义上的震慑指不得不支付损害赔偿的预期将对未来类似情况的当事人行为产生的影响。最后，惩罚性赔偿制度的预期可能引导侵权人与权利人选择符合效率原则的决策，使损害赔偿金制度更符合专利法的立法目的。理想的损害赔偿金能促使侵权人将侵权行为导致的外在损害内部化，这就给侵权人采取合乎效率标准的决策提供了动力。基于对惩罚性赔偿制度可能涉及的所有群体的行为预测，引入惩罚性赔偿制度符合专利法的立法目的，规范意义上的惩罚性赔偿制度能够增强进行原始创新和推动发明创造实施运用的动机，有效矫正现有填平原则下的履行差错与严重震慑不足，引导和保护中国企业的边际合法行为，因此，这一制度的引入符合卡尔多－希克斯效率。然而法律移植绝不等同于"西方化"甚至"美国化"，专利侵权惩罚性赔偿制度作为一项舶来的政策工具，最终能否在我国实现社会福利最优的实施效果，有赖于立法者基于对我国战略利益和本土累积创新语境的清醒认识，审慎划定故意侵权的边界、设立抑制专利投机的惩罚性赔偿金分割制度、修正并明晰确定惩罚性赔偿倍数的合理因素，最大限度地降低该制度的实施成本，进而从法律移植中获得最优的社会福利改善，使专利侵权惩罚性赔偿制度与我国产业创新发展的需求相适应。

本书第四章在前三章的研究基础上，构建凸显专利市场价值实现并以此为导向的专利侵权损害赔偿制度。笔者认为，法定赔偿规则不应作为杂糅合理许可费规则的兜底条款，司法实践应结合专利的商业化程度，正当地将成熟商业化专利的既成许可费作为合理许可费规则的必要适用条件。合理许可费规则并不具有惩罚性功能，其本质上作为一般救济途径，不应过度承担惩罚性赔偿规则的制度责任等。适用合理许可费规则，可以与侵权获利规则、实际损失规则并行适用，不必设置司法适用顺序，从而激励权利人通过合理许可费规则寻求司法救济，以及合理许可费规则的倍数要件应当被有效激活。多年来，我国司法实践并未实质上适用倍数要件，在将专利市场价值纳入赔偿额评价标准后，有充分的理论基础为倍数要件提供适用依据，结合专利的市场化程度，能够激活合理许可费规则的潜在作用。适用合理许可费规则需适当调整证明标准与证明责任，结合涉案事实个案判定，以保障权利人权益。在惩罚性赔偿规则的适用问题上，由于行为人构成专利故意侵权是适用惩罚性赔偿的前提，因此对故意侵权的解释尺度直接决定惩罚性赔偿的适用范围，并间接决定惩罚性赔偿的制度成本，因此应审慎划定故意侵权边界。笔者提出专利故意侵权指明知存在他人有效专利，仍积极追求或者放任侵权结果的行为。这一定义的主观方面能够防止两类"无辜侵权行为"承担惩罚性赔偿的风险。对此，无论是基于惩罚性赔偿功利角度的立法原意，还是基于法律移植过程中适应本国发展需要的理性与主观能动性，边际合法行为都不应被视作"故意侵权"行为。同时，应当设立抑制专利投机的惩罚性赔偿金分割制度。一方面，该制度缩小了专利流氓进行专利套利及投机的空间，由私人经济收益所驱动的理性决策者将缺乏足够的动机提起诉讼，即使提起诉讼最终也有相当比例反哺本土创新；同时该制度仅针对公益性组织以外的非实施体，不会影响传统意义上从事研发、市场推广的实施性权利人及原始发明人/原始权利人获得惩罚性赔偿的权利。另一方面，由于成立故意侵权的被告仍需要支付惩罚性赔偿金，因此对于故意侵权人的震慑和惩罚效果不会受到削弱，在最大限度上实现了惩罚性赔偿的社会福利最大化。修正并明晰确定惩罚性赔偿倍数的合理因素。确定惩罚性赔偿的倍数应评估被告逃脱责任的概率，并基于最小化惩罚性赔偿制度成本的原则进行微调。

本书第五章对本研究的结论进行总结，进一步指出，为回归专利的本质市场属性，以期更为准确、高效地界定专利侵权损害赔偿案件中的具体赔偿数额，修正法定赔偿规则占据主导的不理想现状，应当着重补充、完善三个方面。其一，应适用专利创新绩效概念改善我国专利保护现状。通过专利创新绩效概念可以更为准确地界定具体专利的价值与因侵权而遭受的损失，从而弥补我国司法实践中仅适用专利商业信息以作为专利侵权判赔数额所导致的不理想结果。其二，完善并推动我国专利侵权合理许可费规则的司法应用。合理许可费规则以专利的市场价值为理论基础，相较于侵权获利规则与实际损失规则的举证难度更低，相较于法定赔偿规则的侵权损害金额界定准确性更高，具有更为理想的司法适用效果。但结合我国司法实践现状与市场复杂因素，还应在具体的基准许可费确定方法、许可费真实性与合理性审查、倍数要件的适用等方面结合我国现状与需要合理把握。其三，完善我国专利侵权惩罚性赔偿制度。作为威慑力度较高的惩罚性赔偿，理应审慎适用，并通过配套制度降低惩罚性赔偿制度的适用成本，从而达到与我国产业发展、制度体系相适应的结果。当然，对专利侵权损害赔偿制度的研究，本书并非周延，对专利市场交易价值在法定赔偿规则中的适用，以推动法定赔偿规则发展；对专利市场交易价值认定与适用的配套规则完善，仍有进一步研究的空间与必要。同时，本书对具体案例的样本数量或许是不充分的，通过更为丰富的案例考察，亦可能进一步推动相关研究的发展。

# 目　　录

# 第二章　我国专利侵权损害赔偿合理许可费规则法经济学分析　// 049

# 导　论

当下，专利侵权损害赔偿制度存在危机。一方面，专利市场陷入了高申请量、高授权量、低转化率的"沉睡之困"；另一方面，强专利保护主义为机会主义寻租者提供了生存空间，给我国产业的累积创新造成"不可承受之重"。问题产生的根本原因就在于专利制度中人为构建的激励机制本身出现了问题。专利制度奉为圭臬的激励理论关注的仅仅是创新进程的初期，即发明创造阶段，忽略了对后续商业化进程的激励。当前国际竞争日益激烈，科技竞争成为关键。一国专利技术的竞争能力不单体现在专利申请量与授权量的多少，更依赖专利技术成果转化率，即专利商业化水平的高低。因此，专利制度不但要激励发明创造，更需要将发明创造转化为现实生产力，真正发挥其在经济发展中的竞争优势。党的十八大报告明确提出要坚持走中国特色自主创新道路，实施创新驱动发展战略。而创新驱动的关键就在于构建从技术方案到生产力的长效激励机制，专利侵权损害赔偿制度作为实施创新驱动发展战略与知识产权强国战略的重要载体，必然具有进一步变革的强大内生动力，因此将"实现专利价值，提升创新绩效"的价值目标引入专利侵权损害赔偿制度具有理论和战略意义。

## 一、国内外相关研究的学术史梳理及研究动态

### （一）我国专利侵权损害赔偿制度运行实效之评估

专利侵权损害赔偿制度是激励创新、促进发展方式转型、优化产业结构行之有效的政策杠杆。当前我国专利侵权损害赔偿的制度实践是否有效，是理论界、司法界以及产业界争论不休的焦点问题。现有研究基本分为"有效论"和"低效论"两大观点。其中"有效论"较为小众，其代表学者贺宁馨等[1]实证研究的成果表明：我国专利侵权损害赔偿制度不存在"举证障碍""地方保护主义""侵权损害赔偿数额过低"的情况。总体来说，我国专利侵权损害赔偿制度对专利的保护基本有效。目前国内外学界主流的观点认为，当前我国专利侵权损害赔偿制度处于低效运行的状态，学界从不同的角度证成该制度实施的低效。

1. 法定赔偿存在泛化、滥用甚至唯一化倾向

法定赔偿是为了解决实践中出现的举证难问题而出台的兜

---

❶ 贺宁馨，李杰伟，丁秀好.专利侵权损害赔偿额的影响因素研究——基于我国 24 个地区专利侵权案件的实证［J］.情报杂志，2012，31（12）:109-114.

底选择，既不是优先选择，也不是平行选择。杨柳❶与詹映、张弘❷分别基于各自统计的专利案件对我国专利侵权损害的法定赔偿适用情况进行了实证分析，结果均显示我国存在法定赔偿被滥用的问题。上海市高级人民法院民三庭❸、广州市中级人民法院知识产权审判庭课题组❹等机构的第一手研究资料更印证了这一论点。

2. 侵权损害赔偿数额过低导致补偿功能的失灵

补偿功能是专利侵权损害赔偿制度的基石，然而李晓秋❺、杨叶叶（Yieyie Yang）❻的研究指出中国法院支持的低水平赔偿不足以为权利人提供足够保护以弥补侵权损失及震慑未来的侵权，从而导致补偿性赔偿功能的失灵。塞泊提和考克思（Sepetys &

---

❶　杨柳. 我国专利侵权损害法定赔偿问题研究［D］. 南昌：江西财经大学，2014.

❷　詹映，张弘. 我国知识产权侵权司法判例实证研究——以维权成本和侵权代价为中心［J］. 科研管理，2015，36（7）：145-153.

❸　上海市高级人民法院民三庭. 上海法院确定侵犯知识产权赔偿数额的司法实践［J］. 人民司法，2006（1）：15.

❹　广州市中级人民法院知识产权审判庭课题组，夏强. 模糊的边界：知识产权赔偿问题的实务困境与对策［J］. 法治论坛，2014（3）：175.

❺　李晓秋. 专利侵权惩罚性赔偿制度：引入抑或摒弃［J］. 法商研究，2013，30（4）：136-144.

❻　YANG Y Y. A Patent Problem: Can the Chinese Courts Compare with the U.S.in Providing Patent Holders Adequate Monetary Damages［J］. Journal of Patent and Trademark Office Society，2014（96）：140.

Cox )[1]、杨柳[2]与詹映、张弘[3]基于审判文书的实证统计均显示我国专利侵权赔偿数额过低问题十分突出，权利人常常得不偿失。

3. 缺乏清晰可预测的量赔计算标准

袁秀挺、凌宗亮[4]指出法定赔偿酌定情节的空洞化导致自由裁量权过大，损害赔偿确定的随意性和主观性都很大，导致"同案不同判"现象突出。徐聪颖[5]与杨柳[6]基于专利侵权判决的实证统计进一步验证了这一现象。

## （二）专利侵权损害赔偿制度与创新之间的关系

专利侵权损害赔偿制度的首要功能无疑是补偿与救济，然而最优的专利侵权损害赔偿制度也应充分体现其创新助燃剂与市场涤化器的公共政策取向，同时应实现知识外溢弥补和内生增长促进这一经济价值，这无疑是当下"创新驱动发展"这一国家战略的题中之义。关于专利侵权损害赔偿制度与创新之间的关系，国内外学者从不同的角度进行了研究。

---

[1]　SEPETYS, COX. Intellectual Property Rights Protection in China: Trends in Litigation and Economic Damages [J]. NERA Economic Consulting, 2009:1–21.

[2]　杨柳. 我国专利侵权损害法定赔偿问题研究 [D]. 南昌：江西财经大学，2014.

[3]　詹映，张弘. 我国知识产权侵权司法判例实证研究——以维权成本和侵权代价为中心 [J]. 科研管理，2015, 36（7）:145–153.

[4]　袁秀挺，凌宗亮. 我国知识产权法定赔偿适用之问题及破解 [J]. 同济大学学报（社会科学版），2014, 25（6）:117–124.

[5]　徐聪颖. 我国专利权法定赔偿的实践与反思 [J]. 河北法学，2014, 32（12）:60–71.

[6]　杨柳. 我国专利侵权损害法定赔偿问题研究 [D]. 南昌：江西财经大学，2014.

1. 专利侵权损害赔偿制度的创新价值理论

专利侵权损害赔偿作为专利法激励机制的集中体现，其理论基础根植于传统的专利目的激励理论。睿区（Rich）❶的激励商业化理论超越了传统的激励理论，认为专利制度并非旨在激励发明或披露，激励的商业因素才是实践中最重要的，即激励"将发明商业化的努力"。近年来，激励商业化理论进一步发展为创新价值理论，莫杰斯（Merges）❷、斯彻曼（Sichelman）❸、罗伊（Roin）❹甚至激进地反对专利救济的"填平"属性，认为专利救济应从一项排他的机制转变为价值实现的手段，具体应当运用专利进入市场的时间作为变量来评估每个行业创新的经济价值，据此决定专利赔偿以实现恰当均衡，平衡创新的收益与专利垄断价格及阻滞后续创新的社会成本。我国目前尚未出现从这一角度评价专利侵权损害赔偿运行实效的研究。

2. 专利侵权损害赔偿与累积创新的关系

累积创新（cumulative innovation）相关研究的核心议题始终围绕着如何通过专利制度与反垄断法对原始创新和累积创新实现合理的利益分配，从而为原始创新和后续创新者提供足够的创新激励。虽然就如何对原始创新和累积创新进行利益分

❶ RICH G S. Relation between Patent Practices and the Anti-Monopoly Laws [J].The. J. Pat. Off. Soc'y, 1942:179.

❷ MERGES R P. The Trouble with Trolls: Innovation, Rent-Seeking, and Patent Law Reform [J]. Berkeley Technology Law Journal, 2009: 1583-1614.

❸ SICHELMAN T M. Purging Patent Law of "Private Law" Remedies [J]. Texas Law Review, 2014, 92: 516-571.

❹ ROIN B N. The Case for Tailoring Patent Awards Based on the Time-To-Market of Inventions [J]. UCLA La Review, 2014（61）：672.

配存在争议，但研究累积创新的学者，外国学者如艾斯博格（Eisenberg）❶、艾斯博格和莫杰斯（Eisenberg & Merges）❷、格雷迪（Grady）❸、罗伯特（Robert）❹普遍认同专利权虽然重要，但不应被授予无限的排他权。我国学者如董雪兵和史晋川❺、文礼朋和郭熙保❻亦基于我国的产业情况，构建累积创新框架下的拍卖模型来探讨知识产权制度的社会福利效应，比较各种具体制度的效率以及在各种特殊的产业中的应用保护。

3. 纳什均衡理论

纳什均衡指的是一种策略组合，这种策略组合由所有参与人最优策略组成，即在给定别人策略的情况下，没有人有足够理由打破这种均衡。考特和尤伦（Cotter & Ulen）❼率先提出，为了确保侵权法能够最大限度地减少运行成本，侵权法的规则必须符合纳什均衡。我国学者张维迎❽也提出："一个规则本身是否是纳

❶ EISENBERG R S. Patents and the progress of science: Exclusive rights and experimental use [ J ] . The University of Chicago Law Review, 1989, 56 ( 3 ): 1072–1073.

❷ EISENBERG R S, MERGES R P. Reply to Comments on the Patentability of Certain Inventions Associated with the Identification of Partial DNA Sequences [ J ] . AIPLA QJ, 1995, 23: 61.

❸ GRADY M F, Alexander J I. Patent Law and Rent Dissipation [ J ] . Virginia Law Review, 1992: 305–350.

❹ 罗伯特·考特，托马斯·尤伦. 法和经济学 [ M ] . 6 版. 史晋川，董雪兵，等译. 上海：格致出版社，2012.

❺ 董雪兵，史晋川. 累积创新框架下的知识产权保护研究 [ J ] . 经济研究，2006 ( 5 )：97–105.

❻ 文礼朋，郭熙保. 专利保护与技术创新关系的再思考 [ J ] . 经济社会体制比较，2007 ( 6 )：133–139.

❼ COOTER R D, ULEN T. Law and Economics [ M ] . New Jersey: Prentice Hall, 2011.

❽ 张维迎. 法律：通过第三方实施的行为规范 [ J ] . 读书，2000 ( 11 )：76–81.

什均衡能预见法律执行起来的容易程度。"怀特（Wyatt）❶论证纳什的博弈理论能够充分依据具体个案的实际情况进行分析，考虑了诉讼双方的博弈地位，能够中立地计算及调整合理许可使用费损害赔偿，因此应作为"乔治亚－太平洋（George-Pacific）要素"的替代计算方式。

## 二、学术价值和应用价值

（一）学术价值

### 1. 提供新的实证数据

现有研究对我国专利侵权损害赔偿有效性的研究主要集中在对法定损害赔偿的有效性分析，对其他三种损害赔偿计算方式的定量研究仍是空白。本书对专利侵权损害赔偿的四大计算方式均采用案例统计的方式，进行数据收集、统计与分析，弥补了其他三大计算方式微观实证研究文献的不足。

### 2. 进一步发展激励理论

在传统的激励发明、激励技术披露的专利目的理论下，专利的实施、商业化及价值实现对于专利侵权损害赔偿的确定并无影响，本书试图证成倾斜保护成功商业化专利之法理依据与经济理性，这是专利侵权损害赔偿进行实效评估及制度创新的理论基础，具有重要的学术价值。

---

❶ WYATT L. Keeping Up with the Game: The Use of the Nash Bargaining Solution in Patent Infringement Cases［J］. Santa Clara Computer & High Tech. LJ, 2014, 31: 427.

### 3. 提供新的方法

本书试图基于经济学的纳什均衡理论，构建科学、规范的专利侵权损害赔偿计算方式适用顺位、适用原则、配套制度及法定赔偿规范化量赔标准，这在国内尚属首次，具有方法论上的启示意义。

#### （二）应用价值

##### 1. 实现专利价值，提升创新绩效

我国的专利申请与核准数量已经跃居世界首位，然而仍长期面临低转化率、低引用率的"沉睡之困"。究其原因，很大程度上在于被奉为圭臬的激励制度与补偿制度关注的仅是保护权利人的发明创造动机，而忽略对专利价值实现的激励。本书将全程贯穿"实现专利价值、提升创新绩效"的价值导向，根植于我国产业的创新特征与需求，通过评估及重构专利侵权损害赔偿制度，以实现从技术到运用的跨越，为创新驱动战略提供长效激励机制。

##### 2. 构建科学、规范的专利侵权法定赔偿规范化量赔标准

我国现有法定赔偿体系因酌定裁量权过大导致"同案不同判"现象广泛存在，严重损害了法院权威，也使得判决起不到应有的指引和预判的作用，法律效果和社会效果均较差。本书将从经济学的角度，基于对案件大样本及长期的数据统计与分析，以模块化、类型化的方式确定酌定因素的种类，结合社会公众对判决数额的认可度，以数据为基础建立一个科学的数学模型，大致确定各因素的权重及对判赔金额的影响幅度，从而建立起科学、

规范的量化标准体系，为司法审判提供可行的操作指引。

## 三、研究内容

### （一）主要目标

构建以"法定赔偿规范化、顺位设计均衡化、创新保护分类化、专利成果市场化"为实施路径，有效促进创新驱动发展战略，基于市场交易价值的专利侵权损害赔偿规则。

### （二）研究对象

第一个研究对象是专利侵权损害赔偿制度与创新绩效的关系。

第二个研究对象是评估我国专利侵权损害赔偿制度在促进创新绩效这一维度的运行效益。

第三个研究对象是修正及完善我国专利侵权损害赔偿制度，探索基于市场交易价值的专利侵权损害规则。

### （三）总体框架

本书研究的总体框架如图 0-1 所示：

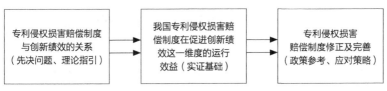

图 0-1　本书研究的总体框架

　　本书研究的核心问题在于：我国现有专利侵权损害赔偿制度是否能够有效促进创新？笔者认为，要回答上述问题，首先，必须准确把握专利侵权损害赔偿制度与创新活动经济绩效的关系。这是本书的先决问题，是评估我国专利侵权损害赔偿制度有效性的正当性基础以及理论指引。其次，依据第一部分之研究结论评估我国现行专利侵权损害赔偿制度的运行效益/保护实效，该评估结果是进行制度重塑及创新的实证基础。最后，以评估结果为出发点，修正及完善专利侵权损害赔偿制度，探索基于市场交易价值的专利侵权损害规则，以有效促进我国的创新驱动发展战略，此部分正是本书最重要的应用价值所在。

　　（四）重点与难点

　　1. 重　　点

　　（1）专利侵权损害赔偿制度与创新绩效的关系。确定两者的关系是本书的先决问题，起到重要的基石性作用，是评估我国专利侵权损害赔偿制度有效性的正当性基础，亦是通过调整专利侵权损害赔偿制度实效参数来推动与促进专利价值的实现程度，进而实现创新驱动的理论指引。

　　（2）我国专利侵权损害赔偿制度在促进创新绩效这一维度的运行效益。运行效益之评估是进行制度重塑及创新的实证基础，同时可量化的评估体系及数据可以实时更新、进行持续的跟踪监测，也需重点研究。

　　2. 难　　点

　　构建以"实现专利价值、提升创新绩效"为导向的专利侵权损害赔偿制度是本书的难点。本书将以专利创新价值理论、纳什均衡理论与累积创新理论为路径，研究专利侵权损害赔偿与创新绩效的缘起、法理依据、相关关系，打通二者之间的理论联系，并立足于我国产业创新的特征与需求，构建规范的专利侵权损害法定赔偿计算公式、计算顺位及计算原则。这将基于大样本的数据统计结果以及广泛的问卷调查，涉及复杂的法学与经济学理论，还需要对我国产业的实际情况有深入了解，因此该问题具有较大难度。

## 四、研究思路与方法

### （一）基本思路

本书将以专利创新价值理论、纳什均衡理论与累积创新理论为起点，首先研究专利侵权损害赔偿与创新绩效的关系，据此设定三大创新绩效测度参数。通过对 2009 年专利法实施至 2020 年我国发明专利纠纷判决书、我国专利研发与技术交易数据进行统计及大数据分析，评估我国专利侵权损害赔偿制度的运行效益，最终构建以"法定赔偿规范化、顺位设计均衡化、创新保护分类化、专利成果市场化"为实施路径，有效促进创新驱动发展战略的专利侵权损害赔偿制度。

### （二）研究方法

#### 1. 多学科交叉研究方法

本书将运用多学科理论，包括法学、经济学、管理学等对专利侵权损害赔偿制度进行综合交叉透视，评估现行计算方式及赔偿水平的外部性，分析不同计算规则经济效率与社会福利效应，考察专利侵权损害赔偿对创新绩效的提升效用。

2. 定性与定量分析相结合

本书对专利侵权损害赔偿制度与创新绩效关系的研究属于定性分析，对我国专利侵权损害赔偿制度在促进创新绩效这一维度运行效益的评估属于定量分析，整个研究运用了定性与定量分析相结合的研究方法。

3. 实证研究方法

本书着眼于我国产业的创新特征与需求，调查研究我国产业的专利布局、专利许可与贸易数据、累积创新的形式、企业财务制度等信息数据，了解实际问题，针对实际需求进行理论研究和制度构建。

## 五、创新之处

### （一）学术思想与学术观点的创新

#### 1. 构建创新绩效评价维度

以往的研究基本囿于对专利保护的有效性评价，着重考察对权利人的保护。本书则主张应从产业创新绩效提升程度这一视角进行评估，着重考察专利商业价值的实现与落地，是一种全新的视角，恰与我国创新驱动发展战略的内涵与需求不谋而合。

#### 2. 证成倾斜保护成功商业化专利之法理依据与经济理性

目前尚未有研究系统证成对成功商业化之专利在侵权损害赔

偿计算中进行倾斜保护的合理性依据；若可证成，将极大地完善专利侵权法定赔偿计算体系，构成观点之创新。这一理论之运用能够提高创新产品的转化率，促成我国专利从技术到运用的跨越。

3. 引入累积创新理论作为加大赔偿力度司法趋势的限制原则

既有研究通常强调我国专利侵权损害赔偿数额过低导致补偿功能的失灵，进而主张加大赔偿力度。本书则主张应考虑阻滞累积创新的社会成本、我国产业与企业的专利布局、专利流氓之社会成本等因素，最大限度地减少制度的实施成本，使赔偿水平与我国产业累积创新的现实特征与需求相适应。

4. 探索以效率和效益为价值指引的专利侵权法定赔偿规范化量赔标准

已有对法定赔偿之研究基本停留在宏观政策评析层面，对司法审判的借鉴价值有限。本书将引入经济学的角度，基于对案件大样本及长期的数据统计与分析，以模块化、类型化的方式确定酌定因素的种类，结合社会公众对判决数额的认可度，以数据为基础建立一个科学的数学模型，大致确定各因素的权重及对判赔金额的影响幅度，从而建立起科学、规范的量化标准体系。

（二）研究方法的创新

1. 基于实证分析方法评估我国专利侵权损害赔偿在提升创新效能方面的运行实效

既有的研究多从法理层面对专利侵权损害赔偿在专利保护方面的有效性进行分析，本书尝试在大数据时代的背景下，收集翔实的数据，进行全面的问卷调研，探索如何通过调整专利侵权损害赔偿实效参数来推动与促进专利价值的实现程度，进而实现创新驱动。

2.运用纳什均衡理论构建科学、规范的专利侵权损害赔偿体系

目前运用经济学方法论的相关研究一般着眼于最优专利宽度角度，提出的建议较为宏观与原则。本书将以纳什均衡理论为指引，评估不同计算方式下个体福利与社会福利之间的均衡程度，据此构建科学、规范的专利侵权损害赔偿计算方式适用顺位、适用原则、配套制度及法定赔偿规范化量赔标准，以促成利益相关人之间相互监督、相互制约的合作博弈关系。

# 第一章 专利侵权损害赔偿与专利创新绩效关系的基础理论

　　《中华人民共和国国民经济和社会发展第十四个五年规划和 2035 年远景目标纲要》提出更好保护和激励高价值专利。国家知识产权局牵头研究制定的《"十四五"时期国家知识产权保护和运用规划》亦从三大层面积极响应对高价值专利的加强保护，具体包括：通过有效实施专利侵权损害赔偿制度以强化司法领域的全链条保护，推动高价值专利更高水平之保护；通过创设以质量和价值为导向的专利统计指标体系，完善无形资产评估制度，有效计量高价值专利创造；通过发展多元化专利运营服务平台，深化知识产权金融服务，推动产学研协调运营以有力促进高价值专利转移转化。作为侵权救济途径的专利侵权损害赔偿，其首要功能无疑是补偿救济权利人因被侵权行为遭受的损失。2017 年 8 月，《最高人民法院关于为改善营商环境提供司法保障的若干意见》（法发〔2017〕23 号）印发，强调保障市场交易的公平公正，维护市场主体的合法权益，并加大知识产权保障力度。2018 年《最高人民法院关于充分发挥审判职能作用为企业家创新创业营造良好法治环境的通知》（法〔2018〕1 号）印发，强调我国应建立以知识产权市场价值为指引，以补偿侵权损害为主，以惩罚为辅的侵权损害赔偿认定机制。与此同时，专利侵权损害赔偿制度亦为专利法激励机制的集中体现之一。其理论基础根植于传统的专利目的激励理论，即通过保障权利人权益而激励发明或披露。专利的实施、商业化与价值实现，对专利侵权损害赔偿的确定并无影响。然而，最优的专利侵权损害赔偿制度也应充分体现其创新助燃剂与市场涤化器的公共政策取向，同时应实现知识外溢弥补和内生增长促进这一经济价值，这无疑是当下"创新驱动发展"这一国家战略的题中之义。本章试图探究专利侵权损害赔偿与专利创新绩效的关系，这既是评估我国专利侵权损害赔偿制度有效性的正当性基础，也是进行制度创新的理论指引。

## 第一节　专利侵权损害赔偿的逻辑起点

填平权利人因侵权行为所遭受的人格与经济损害，是侵权责任法的基本任务。古罗马《十二表法》第八表即规定了"私犯"，即"侵害他人人身和财产"。近代侵权责任法则构建了侵权法的基本原则、制度和规范，确定了过错责任原则，并将主要责任限定于赔偿和恢复原状的民事责任。当代侵权责任法则进一步加强了对人格权的保护，并补充了责任承担的基本原则等。无论古代、近代和现代侵权责任法，均以补偿受害人损失、教育与惩戒加害人、分担侵权损失与平衡社会利益为基本社会功能。我国当前专利侵权损害赔偿制度以填平原则作为基本依据，这一制度安排不仅符合持续激励的经济学理论，也符合民法理论与国际惯例。《与贸易有关的知识产权协定》（以下简称"TRIPS 协定"）第 45 条规定，侵权人故意侵犯他人知识产权的，应向被侵权人支付适当的补充。由此，如何判断权利人因被侵权遭受的损失一直是专利侵权损害赔偿制度的难题，而专利的商业信息在个案中的缺失更是这一难题的源头。

### 一、专利商业信息作为专利价值评价的必要前提

专利侵权损害赔偿制度作为专利法的重要制度，集中体现了

专利制度与侵权制度的价值追求，分别是激励科技创新与填平侵权损害。从实践角度来看，专利侵权损害赔偿制度事实上是专利价值实现的方式之一。其中，专利商业信息是专利侵权损害赔偿制度理想实现的重要因素。

专利本身并非当然地具有可观价值，未进行商业许可或遭受侵权的专利，或许并不具备商业意义上的价值。因为专利的创造目的是希望市场采纳这一创新的科技成果并复制它。在其他主体复制某一特定专利的设计理念之前，该专利只具有投机价值，而难谓商业价值。投机价值是否能够对等商业价值，仍依赖于事后他人的复制需求度。因此，专利的商业化体现了专利的商业价值。目前的专利价值评估方法，可以凸显专利商业化或专利商业信息的重要性所在。

知识产权等无形财产权的价值评估，不同于有形财产，其依赖于既有的价值信息。比如汽车的价值评估可以通过汽车零部件成本、人工成本、营销成本等进行计算，甚至二手汽车亦可通过使用年限来进行折价计算；而专利等知识产权的价值评估，则依赖于该知识产权在市场中的"表现"。目前评估专利等知识产权财产价值的主流方法是收益法。收益法是通过知识产权的折现率与未来收益而评估当下价值的评估方法。该价值评估法的基本公式是 $V=a/r\left[1-(1+r)^{-n}\right]$。其中，$V$ 为知识产权价值的评估值，$a$ 代表知识产权年净收益，$r$ 代表折现率，$n$ 为剩余收益年限。根据收益法及其公式，知识产权价值是基于已有数据，包括当前收益等，通过不同参数以及具体的案情，结合参数的敏感性而进行相对比较全面的价值评估，且具有相对准确的结果。在以收益法评估知识产权价值的基础上，国内外学者结合该方法的实践运用，提出了相应的修正意见，不过收益法的根本价值与基本地位，并未随着理论的发展而被否认。具体而言，我国学者就具体的知识产权损害赔偿计算方式提出了不同的建议。比如吴汉东教授即开创性地提出赔偿计算的"三步观察法"，包括市场交易机会分析法、市场占有份额分析法及市场类型分析法。❶蒋华胜则提出应当将知识产权价值评估制度引入损害赔偿的计算中，充分考虑知识产权客体类型及其市场价值体系的构成要素，通过市场假定法、可比价格法、行业平均利润法等行业公认的价值分析评估方法，为司法定价提供科学的市场价值评估方法。❷

具体而言，专利的司法定价，本质上是对知识产权的合理价值进行评估。基于无形资产价值评估的方法论，专利价值的评估对象一般是该专利的获利能力，即该专利预期可以给其所有者或使用者带来的利益在现实市场下的表现。❸专利只有在转化成商品并为市场广为接受的情况下，才有可能为企业赋予竞争优势，进而获得超额利润及垄断利润。如果一项专利不具有商品转化的能力或市场潜力，无论其权利范围有多大、专利权利要求撰写有多精巧，抑或研发成本有多大，都不具备价值。

换言之，即便收益法具有如此基础的作用，其仍无法避免的

---

❶ 吴汉东.知识产权损害赔偿的市场价值分析：理论、规则与方法［J］.法学评论，2018，36（1）：65-74.

❷ 蒋华胜.知识产权损害赔偿的市场价值与司法裁判规则的法律构造［J］.知识产权，2017（7）：60-67.

❸ 张涛，李刚.企业知识产权价值及其评价研究［J］.改革与战略，2006（8）：23-26.

问题是商业信息缺失时所导致的不准确性。特别是对于新开发专利，其专利生命周期、专利风险、专利收益分成率等，都因价值信息的缺乏或不稳定而无法真实、准确地反映出专利的实际价值。尤其 r 折现率与 n 剩余收益年限，当然地依赖于专利的商业实践。又由于我国相较于国外，在专利的权威真实数据库方面有待发展，凸显了我国专利商业信息匮乏这一问题。当然，可以预见，随着我国知识产权战略发展，我国各类专利相关数据库正在加速建设，基础价值问题终将得到解决。如何在保证质量的基础上加快专利商业化进程，方为当下的重要任务。

## 二、专利商业信息是损害赔偿制度的逻辑起点

近年来，我国学者开始重视损害赔偿与市场价值之间的关联性，呼吁知识产权的损害赔偿制度应当超越传统的填平原则，与知识产权的市场交易价值相契合。其中吴汉东教授旗帜鲜明地提出，知识产权的司法保护应同时包括对创新价值和市场价值的完整认识，提出知识产权的司法定价应计算市场价值在特定时间的市场条件下市场交易价格的分析框架。[1] 国外亦有学者反思专利侵权救济的基本理论与制度目标。比如，莫杰斯 [2]、斯彻曼 [3]、罗

---

[1] 吴汉东．知识产权损害赔偿的市场价值分析：理论、规则与方法［J］．法学评论，2018，36（1）：65-74．

[2] MERGES R P. The Trouble with Trolls: Innovation, Rent-Seeking, and Patent Law Reform［J］. Berkeley Technology Law Journal, 2009: 1583-1614.

[3] SICHELMAN T M. Purging Patent Law of "Private Law" Remedies［J］. Texas Law Review, 2014, 92: 516-571.

伊❶激进地反对专利救济的"填平"属性，认为专利救济应从一项排他的机制转变为价值实现的手段，具体应当运用"专利进入市场的时间"作为变量来评估每个行业创新的经济价值，据此决定专利赔偿以实现恰当均衡，平衡创新的收益与专利垄断价格及阻滞后续创新的社会成本，也即以专利的商业信息作为侵权损害赔偿的重要起点与考量。

我国知识产权司法实践中，也开始重视通过司法定价反映知识产权的市场价值波动。例如，深圳市中级人民法院在（2016）粤03民初2330号判决书中，表面上虽然采取的是法定赔偿的计算方式，但法院基于热播综艺节目的特点，充分考虑了版权产品市场价值随时间变动的特质，运用了市场价值分析法，综合参考了决定作品市场价值的各种因素，包括原告收取的广告营销费用、广告收益时间段、原告支出的独占许可费等，贯穿了使司法定价准确反映市场价值的理念。

具有被复制需求的专利将具有更高的商业活力。实践中，商业活动的逐利性也导致了专利侵权行为时有发生。损害赔偿制度的作用发挥，需要依赖于司法裁判对专利价值的评估判断，通过严谨科学的标准体系，得出具体判赔金额。这一金额的确定，将对上述数据库匮乏的问题起到有效的解决作用。专利权人不仅可以在个案中寻求特定的侵权救济，还可依赖于司法裁判的判决结果，为其专利权益起到后续的维护作用。

---

❶　ROIN B N. The Case for Tailoring Patent Awards Based on the Time-To-Market of Inventions [J]. UCLA La Review, 2014（61）：672.

但无法回避的问题是，司法裁判同样依赖于专利商业信息作为裁判依据。法官对财产损害赔偿作出的司法认定，本质上是法官基于合理的交易行为、交易惯例以及公共政策所作出的判定。在专利进入市场的初始阶段，抑或对于中小型科技创新企业而言，专利侵权损害赔偿的数额判定将面临起点缺失的现实问题。市场中商事主体对司法实践中此类案件的判赔数额过低的不满亦与此有所关联。

## 三、专利商业信息在损害赔偿制度中的具体体现

我国现行《专利法》第 71 条规定了专利侵权损害赔偿的四种基本计算方法，分别是：（1）实际损失规则，即根据侵权人的侵权行为导致权利人所遭受的实际损失确定侵犯专利权的赔偿数额；（2）侵权获利规则，即根据侵权人的侵权行为实际所获利益确定侵犯专利权的赔偿数额；（3）合理许可费规则，前两种规则无法确定侵犯专利权赔偿数额的，可以参照涉案专利的许可费的倍数对侵犯专利权的赔偿数额合理确定；（4）法定赔偿规则，即前三种规则均无法确认具体判赔数额的，人民法院可以根据涉案因素确定判赔数额。该四种基本计算方法之外，还规定了惩罚性赔偿条款，对于故意侵权的、情节严重的可以按照前述规则所确定判赔数额的倍数，作出惩罚性赔偿的判决。合理许可费规则在我国与其他国家的适用方式有所差异。比如，美国习惯虚拟谈判法，通过假设市场的存在而判定赔偿数额；我国则通过既成的专利许可费作为判赔基础，而法定赔偿规则作为兜底性质的条款，

是法院无法获得上述规则适用所需要的相关信息，从而结合案情而合理判定的数额。

　　对于实际损失规则与侵权获利规则，二者最符合侵权责任法的填平原则，且两者的计算公式也最符合经济学的效率追求。对于实际损失规则而言，其基本原理在于计算权利人未遭受侵权损失的获利金额与遭受侵权损失的获利金额之差，这往往依赖于侵权人的相关商业信息。显而易见，从侵权人处获得侵权行为的营业额与成本信息，这对于司法实践而言极具难度。在美国司法实践中，适用实际损失规则首先需要采用潘达标准[1]，即在被侵权产品同时满足：存在市场需求、存在非侵权替代产品、权利人具有满足市场能力、损失可以被量化的情况下，才适用该规则，否则直接适用合理许可费规则，这一条件设定比较苛刻。从理论上来看，以专利产品为例，侵权人的销售价格与销售量往往是两规则的适用起点。因为侵权人的侵权行为对权利人产品销售量的挤压往往是造成权利人损失的直接原因之一，而侵权获利规则与此相似，同样需要从侵权产品的价格设定、销售量与成本等方面进行考量。

　　为了解决具体价值信息的获得困境，美国法院设定了两种思路。其一是在1884年提出的"整体市场价值原则"（the entire market value rule）[2]。在加瑞特森诉克拉克案（Garretson v. Clark）中，权利人主张以涉案商品的整体市场价格作为判决依据，但

---

[1]　Panduit Corp. v. Stahlin Bros. Fibre Works，Inc.，575F2d 1152，197 USPQ 726（6th Cir. 1978）.

[2]　Garretson v. Clark，111 U.S.120（1884）.

法院认为，权利人必须证明其专利产品是整个市场的作用来源，否则权利人需要区分其专利所改进的功能与既有功能。1995 年，美国法院提出了"功能单元测试法"[1]，即如果侵权产品的特定部分与专利发明所对应的部分组成整体单元并一同销售，则可以采用整体市场价值原则。当然，这一方法虽然能够有效解决专利商业信息不足的现实问题，但由于可能造成过度赔偿的后果，因此在司法实践中，美国法院要求经过严格举证，通过证明专利与市场需要之间存在强关联性时才可以有效适用。其二是在 2009 年提出的"最小可售专利实施单元原则"[2]。在康奈尔大学诉惠普公司案（Cornell University v. Hewlett-Packard Co.）中，法院认为，权利人由于不能证明其专利产品与市场需求之间的关联性，因此以与专利具有紧密关联性的最小销售单元作为侵权损害赔偿金额的计算标准。这一原则在后续司法实践中，可作为"整体市场价值原则"的有益补充。

对于合理许可费规则，我国采取既成许可费法，即通过涉案专利在市场中进行真实专利许可时的专利许可费作为基准许可费，从而适用合理许可费规则。这一标准显然体现了专利商业信息的重要性，但同时也具有适用条件苛刻的问题，因为对于新专利或未投入市场的专利而言，并没有适用机会。对这一困境，学界提出了多种确定合理许可费的方法，比较主流的方法除了既成许可费法，还包括 25% 规则、乔治亚－太平洋虚拟谈判法、解

---

[1]　Rite-Hite Corp. v. Kelly Co., 56 F.3d 1538（Fed. Cir.1995）.

[2]　Cornell University v. Hewlett-Packard Co., No. 01-CV-1974, 2008 WL 2222189, at*2（N.D.N.Y. May 27, 2008）.

析法，等等。各方法的具体适用足以体现出专利商业信息在损害赔偿制度中的重要性。

合理许可费规则中的专利商业信息在既成许可费法的体现前文已提及。对于 25% 原则，依赖于专利产品的利润信息。25% 原则是确定专利许可费的具体方法，即一般认为专利贡献价值对于产品整体价值而言占 25%，因此将专利产品中利润的 25% 作为专利许可费较为合理。当然，25% 原则事实上起到的是指引作用，具体司法实践中，并不当然地将 25% 作为专利许可费的确立依据，而是根据个案专利侵权产品的利润率作为判断标准更为准确。对于乔治亚－太平洋虚拟谈判法是法院根据考虑合理许可费的具体参考因素，确立涉案专利许可费的判断标准，这一标准具有极高的适用性，同样依赖于专利的商业信息，具体内容在下文第二章进行展开。解析法与 25% 原则具有一定相似之处，即根据专利产品的利润率以确定专利合理许可费数额。

由此可见，专利商业信息作为权利人权益保障的基本前提，理应受到关切。作为专利侵权损害赔偿逻辑起点的专利商业信息，在商业实践中，并不能仅满足于专利产品价格、利润、专利部件比重等要素。因为，侵权行为的隐蔽性与复杂性决定了此类专利商业信息对于权利人而言获取难度较高。补充专利商业价值的评价维度，完善专利侵权损害赔偿在逻辑起点的可参照标准，有益于司法实践的具体运行以及权利人的权益维护，同时能够对侵权人起到威慑作用。

# 第二节 专利创新绩效概念的提出

专利侵权损害赔偿的逻辑起点所揭示的问题——专利的高商业化程度是科技创新发展的必要目的，否则将导致专利未进行成果转化而无法发挥创新意义，以及遭受侵权行为时无法有效维护应有权益。在这一现实问题下，笔者尝试构建涵盖专利商业转化全流程的、体现专利创新效率的全新评价指标——专利创新绩效。专利创新绩效不仅能够作为科学的专利侵权损害赔偿评价标准，亦可对科技创新测量维度作出扩展。与此同时，考虑到专利创新绩效并不能解决尚处于商业化进程的专利保护问题，因此，笔者在本节同时提出专利市场时间长度概念，以作为专利创新绩效在侵权损害赔偿问题中发挥作用的补充。在专利创新绩效与专利市场时间长度交互发挥作用的情形下，我国专利侵权损害赔偿制度能进一步完善。

## 一、提出专利创新绩效概念的理论依据

专利制度具有激励创新的基本目标不言而喻，但如何激励创新在不同时期不可一概而论。在现代化科技发展早期，为满足科技创新的基础性要求，以"单调"的专利数量作为创新程度的评价标准，具有一定政策性考量，并非不合理。一旦这一阶段性任

务已完成，所面临的问题则是如何实现技术的实际效用，如促进经济发展、提升国家科技实力等。因此，不乏有学者提出，专利制度的激励目标抑或技术创新的评价标准与专利数量并无直接关联，实现专利的商业化才是技术创新的核心追求。

旧制度经济学派鼻祖康芒斯的代表学说——合理价值说认为，合理价值是合理的交易、合理的管理和相当于公共目的的社会效用。❶关于专利制度的激励理论，睿区曾提出超越了传统激励理论的激励商业化理论，认为专利制度并非旨在激励发明或披露，因为实践中最重要的是激励的商业因素，即激励"将发明商业化的努力"。佐坦（Zoltan）认为，技术创新应当包括三个阶段，分别是前期的创新成本投入、中期的创新成果产出与后期的创新成果商业化应用。我国早期也有学者指出，专利的商业化应用才是技术创新的中心。❷特别对企业而言，实现创新活动的市场价值，达到经济意义上的产出与收入，才是技术创新活动的商业目标，若专利最终并未能实现商业化，则其实质上并不符合技术创新与商业活动的根本追求。❸对此，杰佛瑞·方克（Jeffrey Funk）明确指出，专利事实上并不能准确反映创新。❹

对这一问题，必须厘清的是，专利权的产生与专利权转化为

---

❶ 康芒斯.制度经济学（下册）[M].于树生，译.北京：商务印书馆，1962：310.

❷ 傅家骥，姜彦福，雷家骕.技术创新理论的发展 [J].经济学动态，1991（7）：48-51.

❸ MANSFIELD E.Industrial Research and Technological Innovation：An Econometric Analysis [J].Economica，1971（38）：676.

❹ JEFFREY F.Beyond Patents [J].Issues in Science & Technology，2018（4）：48-54.

资产之间具有显著区别。专利权源于国家机关授权，是国家专利局对专利权利进行法律确认的结果，但这一法定权利并不能够与以专利权利作为基础的无形财产产生直接关联，原因是由专利权转化为以专利权利作为基础的无形财产需要由市场或消费者对这一专利权的市场价值产生认可。正是这一市场价值的认可程度，表现出专利权所具有的能够为权利人实现经济回报的可能性，以及社会发展中技术进步的价值性，从而将专利权从法律意义上的权利逐步向经济意义上的财产进行转化。当然，促使实现专利权的价值变现与资产转化的这一过程亦离不开具体制度的创设与条件的适用。

在具体商业实践中，专利权转化为专利资产通常有三种路径：一是专利商品化，通过专利的转让或向第三人许可，将专利本身作为一种商品进行交易从而实现其经济价值流通、变现或交换；二是专利应用化，专利权利人通过将专利技术应用于其自行研发的专利产品中，发挥专利技术在产品研发过程中的实质性利润贡献，从而实现专利的应用价值；三是专利资产化，抑或称为专利证券化，权利人并不直接进行专利使用或向第三人进行专利许可，而是通过中立第三方的资产评估，将专利进行证券化转化，以计入权利人无形资产之中，并通过融资、抵押等金融方式对专利加以使用。据此，如前文所提到的，一方面，专利的市场价值分析是权利人就专利侵权获得经济赔偿的逻辑起点；另一方面，专利侵权损害赔偿可以全面地反映与体现专利的市场价值，发挥以促成专利权从法律意义向经济意义的转化。

就此，明确专利制度的激励方向极为重要。奖励理论是专利制度激励的传统理论。奖励理论的经济学原理是通过专利制度，对实现发明创造者给予一定期限的专利垄断权，以经济利益作为发明创造成本支出的回报方式，以期对发明创造者形成持续的激励。奖励理论一度被认为是专利制度设计的本源目的。❶ 这一功利主义也同样影响着我国的专利制度，将专利制度作为科技创新与经济发展的工具。不过，奖励理论事实上并没有对专利商业化起到推动作用，原因是奖励理论下，专利商业化并不是授予专利权的必要条件，这导致发明创造者在专利完成伊始就进行专利申请，而发明创造者后续是否使用该专利信息并没有强制要求。尽管专利授予以公开专利信息文件为要求，以期推动科技进步，但逐利的发明创造者更倾向于将专利的盈利方式等商业信息通过商业秘密的保护予以保留，进而，奖励理论实质上奖励的对象是单纯的发明者，而非将专利商业化的发明者。甚至可以说，既有奖励制度并不对专利的商业化起到促进作用。

在奖励理论下，即便注意到专利商业化保护不足的问题，亦会无能为力，因为专利的商业化依赖于长期的商业实践，有限的专利保护期并不足以起到专利商业化的保护或激励作用。❷ 对此，前景理论提出针对性意见。前景理论认为，专利制度所保护的或激励的对象是实现既有技术商业化的机会。❸ 对于专利授权后的

❶ KATZ L, SHAPIRO C. On the Licensing of Innovation [J].The Rand Journal of Economics, 1985 (4): 504-519.

❷ THOMAS W E.Bringing New Materials to Market [J].Technology Reviews, 1995 (45): 42-49.

❸ SICHELMAN T. Commercialization Patents [J].Stanford Law Review, 2010 (2): 341-414.

专利商业化过程，前景理论认为仍然需要进行持续的专利保护，解决路径则是通过扩大专利保护范围或延长专利的保护期限，由此实现专利的商业化目标。

前景理论中显而易见的问题是，扩大专利的保护期限或范围可能会导致商业活动中专利许可的谈判成本提升，从而抑制技术创新。专利作为无形财产，其本身的创新活动就具有累积性、连续性的特征，即后续创新活动多依赖于既有创新，对在先专利进行改善等，特别是在当今时代，科技快速发展，开创性的技术创新已非常少见。[1] 此类问题招致不少对前景理论的批评。[2] 但前景理论的提出，实质上推动了专利商业化问题的解决进度，并具有现实意义。如何协调专利制度的奖励理论模式下的直接激励创新与前景理论模式下的专利商业化目标，是当下专利经营的重要问题。

如前所述，专利的合理价值是专利侵权损害赔偿的基础，是损害赔偿司法定价的逻辑起点和经济依据。对于一项从来没有被考虑过商品转化或者商品转化潜力很小的专利，鉴于其无法提供令人信服的合理市场价值相关的证据，其损害赔偿的司法定价必然处于较低的水平。对于已经进行商品转化的专利，则理应获得更为充分的司法保护。因此，明确专利制度的激励目标是激励专

---

❶    DAVID P A. New Technology, Diffusion, Public Policy, and Industrial Competitiveness [C] //Ralph Landau, Nathan Rosenberg, and National Academy of Engineering ( eds ), The Positive Sum Strategy: Harnessing Technology For Economic Growth, Nabu Press, 2013.

❷    SICHELMAN T.Commercialization Patents [J] .Stanford Law Review, 2010 ( 2 ): 341-414.

利的商业化程度是必要的，否则将是对技术创新过程与技术创新结果的混淆。对此，为解决当下侵权损害赔偿问题中专利侵权损害赔偿金额评价标准问题、专利制度的激励问题，有必要重新审视我国专利侵权损害中的赔偿金额评价标准，充分重视损害赔偿制度将对我国科技创新起到直接的积极作用。

## 二、提出专利创新绩效概念的司法动因

本书提出专利创新绩效概念的现实动因，是专利侵权损害赔偿制度对侵权损害赔偿金额评价标准的局限性。前文提到，我国现行《专利法》第 71 条规定了专利侵权损害赔偿金额计算的四种具体规则。但除法定赔偿规则外，适用具体规则计算专利侵权损害赔偿金额需权利人提供能够证明损害赔偿金额的相关证据，包括侵权产品的销售数量、价格等。由于这些内容往往由侵权人掌握，而且即便由权利人所持有，权利人也会因商业秘密等影响，导致此类信息难以提交至法庭。

以此类直接性的专利商业信息作为裁判依据，在我国立法体例中有明确规定。比如，《最高人民法院关于审理专利纠纷案件适用法律问题的若干规定》（法释〔2001〕21 号）第 20 条规定，实际损失规则的具体计算方式为专利产品因侵权造成销售量减少的总数与每件专利产品合理利润的乘积；侵权获利规则的具体计算方式是：权利人专利产品销售量减少数量难以确定时，则根据专利侵权产品在市场上销售总量与每件专利产品合理利润的乘积等；对于合理许可费规则的具体适用，如果有专利许可费可以参

照的，法院可以根据专利权类型、侵权行为性质等因素进行金额的确定。又如，《最高人民法院关于审理侵犯专利权纠纷案件应用法律若干问题的解释（二）》（法释〔2016〕1号）第27条规定，在专利侵权损害赔偿案件中，对于权利人因被侵权所遭受损失难以确定的，法院可以责令侵权人提供与侵权行为相关的账簿、资料等。又在《最高人民法院关于审理侵犯专利权纠纷案件应用法律若干问题的解释》（法释〔2009〕21号）第16条规定了侵犯发明、实用新型专利产品是另一专利产品零部件的，法院应根据零部件本身的价值及其在实现成品利润中的作用等因素合理确定赔偿数额；侵犯外观设计专利权的产品为包装物的，应根据包装物本身的价值及其在实现该产品利润中的作用而合理确定损害赔偿金额。

但学界大量研究表明，上述规则的司法适用率极低，本处于兜底条款的法定赔偿规则反而占据绝对的主导地位，原因在于侵权损害赔偿金额的具体计算方式的选择，还须根据具体专利的类别、涉案证据的提供程度进行确定。这不仅是法律适用的问题，还涉及商业实践中专利商业信息获取的难题。这不仅对权利人造成极大困难，使其难以提供充分的证据证明自身的损失，而且"激励"了侵权人的侵权积极性，而法院在这种情况下，则不得不采取法定赔偿规则进行审判，审判时囿于自由裁量空间过大，导致法官在判决过程中缺乏客观性，使侵权损害赔偿金额的裁判标准不同的情形时有发生。概言之，不论是对权利人还是对审理法院而言，既有规则均难以有效掌握。

笔者认为，我国立法体例中已体现出专利商业化的重要性。

例如，对于专利产品作为侵权产品零部件时的司法规则，体现出专利商业化利润率的积极作用。但由于我国并未对专利商业化要素在侵权损害赔偿制度中的作用作出直接规定，以至于法院仍只能依赖于上述具体规则直接适用，从而导致法定赔偿规则占主导地位的现实结果。针对这一问题，为了更好地促进专利侵权损害赔偿制度的价值发挥、权利人权益保护以及法院司法审判的准确性，笔者认为，应当提出更为科学的专利商业化评价标准，从而使我国专利侵权损害赔偿制度的具体规定更加详细全面。

### 三、专利创新绩效概念的具体内涵与评价指标

在企业管理的视角下，技术创新是指某一创新意识从其产生到投入研究与开发，以及进行试验，再到制造产品或提供服务以及商业化的过程。技术创新成果的唯一评价标识是"技术发明的首次商业化"，这既是技术创新的起点，亦是技术创新的归宿。[1]针对技术创新，高建等首次提出"技术创新绩效"的概念，认为技术创新绩效是指企业技术创新过程的效率、产出的成果及其对商业成功的贡献，包括技术创新产出绩效和技术创新过程绩效。[2]然而，现行的技术创新绩效往往将专利数量如专利申请数量、专利授权数量作为核心的创新绩效评价指标，尽管专利数量

---

[1]　陈劲，陈钰芬.企业技术创新绩效评价指标体系研究［J］.科学学与科学技术管理，2006（3）：86.

[2]　高建，汪剑飞，魏平.企业技术创新绩效指标：现状、问题和新概念模型［J］.科研管理，2004（S1）：14-22.

能够反映企业的技术能力和设计能力，但如上文所提到的，专利创新的本质目标是专利商业化，只有经过专利商业化并取得商业化的显著效益的专利，才能真正反映专利创新的效率。据此，笔者在评价技术创新绩效的基础上，充分考虑专利商业化的评价指标、现实司法活动需要和专利制度理论基础，提出"专利创新绩效"概念——企业在专利创新过程中的效率、产出结果及对商业成功的贡献，以期解决当下专利侵权损害赔偿制度中赔偿金额确定依据不足的问题。

## （一）评价指标体系的构建原则

为了能够公平合理、客观真实地对专利创新绩效作出评价，应科学地选取专利创新绩效的子评价指标。本书按照以下原则进行子评价指标的选取。其一，系统性原则。为了防止遗漏评价与重复评价，即避免评价指标重复、评价结构冗杂，具体指标应符合结构化的系统性原则。通过系统的整体评估方式，对总指标——专利创新绩效进行逐层分解，能够全面反映具体专利的创新绩效相关信息。其二，代表性原则。即具体指标的选取应当符合具有代表性特征，此类具体指标能够切实反映总指标的信息重点，从而使具体指标与总指标均呈现直接性，能够反映专利创新绩效的独特性与唯一性。其三，可操作性原则。需要说明的是，上述司法实践反映了具体专利商业信息的获取难度较高，但这一问题的主要原因在于，权利人不便于提供基础商业信息，而非信息本身不由权利人掌握。因此，具体专利产品的销售价格、利润率等专利商业信息，仍可由权利人提供，并最终以专利创新绩效进行客观体现。即各项指标应当满足含义明确、易获取、易分析等要求，从而使各项指标与评价标准具有可应用性，满足可操作性的基本要求。

（二）评价指标体系的具体构建

根据我国专利侵权损害赔偿制度的需要，结合系统性原则、代表性原则和可操作性原则，本书将专利创新绩效的子评价指标根据专利创新活动的整体内容系统地分解为专利应用化经济效益、专利商品化经济效益、专利证券化经济效益、直接技术效益与技术累积效益五个部分。这五个部分分别代表专利产品销售相关比率、专利转让或许可的相关比率、专利作价入股相关比率、产品数量及参与制度标准相关比率、技术创新资料贡献相关比率，从而全面地反映并评价专利创新绩效。

其中，本书的创新之处在于将"专利商品化效益"及"专利证券化效益"两项指标纳入专利创新绩效的经济效益范畴。传统技术创新绩效指标评价体系中，经济效益仅包含专利应用化的相关指标，以体现专利的自用使用价值，即权利人将专利技术运用到自行研发的产品或服务中，使专利在产品研发的过程中实现实质性的利润贡献过程中的相关指标参数。但这一评价标准忽略了专利的市场交易价值和证券化价值，权利人除了通过专利自行研发产品或服务，还有非常重要的经济价值实现途径，即通过专利的转让或许可给第三人，将专利作为一种商品进行交换，以实现价值流通及变现交换价值。专利商品化的过程能够有效地促进开放式创新，推动专利知识外溢，减少研发资源浪费，降低专利研发的信息不对称，形成有序高效的专利交易市场；另一重要的专利经济价值实现途径是专利的证券化，即不进行自用或授权他人使用，但通过第三方中立的资产评估，将专利进行证券化，将专利计入无形资产账户，通过融资、抵押等金融性用途加以使用。专利证券化能够拓展权利人的外部融资渠道，提升专利研发投入的预期收益，促使企业更愿意披露技术相关信息和未来前景给外部投资者，减少了专利的信息不对称水平，进而提升专利获得外部融资的可能性和专利研发收益率。

据此，笔者认为，专利创新绩效不仅应包含专利应用化经济效益、专利商品化经济效益及专利证券化经济效益三部分，且由于专利本身可直接产生技术产品效益，以及专利创新依赖于累积创新，因此专利的直接技术效益、技术累积效益同样应当受到合理评价。只有在对这五个部分进行全面评估的基础上，才可以完整地反映专利经济价值的全貌。

在设计专利创新绩效指标体系时，本书将紧紧围绕专利创新的本质特点，力求全面反映专利创新的显性绩效和潜在绩效，反映专利应用化和商品化、证券化所带来的经济效益、技术效益和社会效益，体现专利制度创新助燃剂及市场涤化器的公共政策取向。

1. 专利应用化经济效益

专利的本质意义在于应用。同时，司法实践中，对于专利侵权损害赔偿金额的确定，亦是根据专利在市场中的应用所体现的商业价格进行判定。因此，专利的应用化程度对于专利创新绩效而言具有重要影响。根据专利应用的具体表现形式，专利应用化经济效益可以通过专利产品销售率、专利产品利润率与单位专利产品成本较低率三项指标来反映。专利应用化经济效益是对专利市场需求度的一项直接评估，因此其所占维度权重相对较高，但并未超出合理限度，原因是以专利产品的销售情况作为评价标准，虽具有较高的可操作性，但会导致部分权利人难以获得相应评价，因为其专利产品并未达到应用化程度，从而限制了专利创新绩效的适用范围。因此，本书认为，在专利创新绩效指标下，专利应用化经济效益所占权重可以适当提高，但不得与其他指标相差过大。

2. 专利商品化经济效益

专利商品化是专利经济价值实现的另一重要途径。专利权利人将专利作为商品以流通的活动能够间接地促进专利应用，通过专利交易市场将专利转让或许可给第三方，由第三方应用专利，亦是专利创新发展的有效方式之一。但其相对于专利应用化而言，对专利创新所起到的是间接作用，因此应将其维度权重适当调低。专利商品化经济效益指标包括专利转让或许可利润率、专利转让或许可销售率、专利转让或许可收益率三项指标，其中收益率是销售率与利润率的集中体现，因此所占比重相对较高，而为保证指标依赖数据所分析结果的稳定性与可靠性，同样将专利转让或许可利润率与销售率纳入评价范围，并占据一定比重。

3. 专利证券化经济效益

专利证券化经济效益与专利商品化经济效益相似，亦是专利经济效益实现的方式之一。尽管专利证券化并不如专利应用化与商品化能够直接或间接地对专利应用产生积极影响，但由于将专利直接作为权利人的外部融资渠道，能够提高权利人的研发投入积极性，并刺激专利创新，因此其同样具有不可忽视的重要性。专利证券化经济效益指标与专利商品化经济效益指标相似，可以拆分为专利作价入股利润率、专利作价入股销售率、专利作价入股收益率。对各项指标所占维度权重的分配理论依据与专利商品化经济效益指标相类似，以专利作价入股收益率占据相对较高比重，而入股销售率与入股利润率占据相对较低比重。

4. 直接技术效益

直接技术效益是专利应用技术性强弱的具体体现，是专利应用化的前置基础。由于专利的直接技术效益主要表现为新产品数量、重大改进产品数量，以及主持或参与制度新标准数量，因此，直接技术效益的指标可以用前述三项子指标表示。专利创新能够产生的新产品数量决定了专利应用性的广度大小，也即专利的可应用规模。新产品数量指标同样也是对专利应用化经济效益指标的一项补充。重大改进产品数量表现了专利所采用的既有成果的多少，因为目前的新专利技术总是以既有专利成果作为研究基础的。主持或参与制度新标准数量是指专利权人在专利研发过程中所主持或参与的新技术标准数量，这一指标可以直接表现出专利技术的创新程度，表明该专利创新成果的技术效益。在各项子指标中，因新产品数量作为能够直接表现技术效益的指标，占据相对较高的维度权重。

5. 技术累积效益

技术累积创新关乎国家科技实力与社会经济发展，我国技术创新领域正处在加速发展进程，保证技术的累积创新是我国当下的重大任务。因此，为保证技术创新的质量、技术创新的发展速度，将技术累积效益作为专利创新绩效的评价指标是必要的。根据技术累积政策，对这一指标的评价标准可以分为专利数、技术秘密数、技术文档数、科技论文数与技术创新提案数。专利数作为曾经主流的创新绩效评估指标，能够体现专利创新程度。对此值得展开说明的是，仅用专利数量这一单一的评价指标，难以准确地表现出专利创新的经济价值。但专利数并无必要直接排除，其仍可占据一定权重，以保证指标评估的全面性，事实上，真正能够在专利创新绩效指标中起到积极作用的应当是核心专利数量。核心专利数量是专利权人在重大技术或关键性技术节点上取得的重要突破，这具有当然的创新意义。但专利数作为评价指标时，往往导致实践操作模式异化，权利人依赖于高专利数"谋求"政府福利，使原评价目标难以成就。因此，专利数指标仍然可取，但难以作为权重比重较大的指标。技术秘密数作为商业秘密，同样具有创新价值，权利人出于商业考虑不选择公开的方式获取专利权保护，并无不当，因此有必要将技术秘密数作为评价指标之一。技术文档数记载了技术创新的相关内容，能够对后续技术创新起到促进作用。科技论文数则是技术学术影响的具体体现，通过学术传播与学术发展的内容与方向，可以将论文等学术成果作为技术累积效益的表现之一。技术创新提案数可以视为技术累积效益被政府、同行等的认可程度。其中，由于科技论文数能够对技术创新起到直接的促进作用，因此其所占比重相对较高。

结合上述介绍的评价指标，本书确立的专利创新绩效模型包括五个部分，17 个具体的评价指标，如表 1-1 所示。

表 1-1　专利创新绩效模型

| 分类 | 序号 | 指标 | 维度权重（%） | 指标权重（%） |
|------|------|------|------|------|
| 专利应用化经济效益 | 1 | 专利产品销售率 | 30 | 40 |
| | 2 | 专利产品利润率 | | 30 |
| | 3 | 单位专利产品成本较低率 | | 30 |
| 专利商品化经济效益 | 1 | 专利转让或许可利润率 | 15 | 30 |
| | 2 | 专利转让或许可销售率 | | 40 |
| | 3 | 专利转让或许可收益率 | | 30 |
| 专利证券化经济效益 | 1 | 专利作价入股利润率 | 15 | 30 |
| | 2 | 专利作价入股销售率 | | 40 |
| | 3 | 专利作价入股收益率 | | 30 |
| 直接技术效益 | 1 | 新产品数量 | 20 | 30 |
| | 2 | 重大改进产品数量 | | 40 |
| | 3 | 主持或参与制度新标准数量 | | 30 |
| 技术累积效益 | 1 | 专利申请数 | 20 | 10 |
| | 2 | 技术秘密数 | | 20 |
| | 3 | 技术文档数 | | 20 |
| | 4 | 科技论文数 | | 30 |
| | 5 | 技术创新提案数 | | 20 |

专利创新不仅是市场发展趋势，亦是国家政策要求。本书提出专利创新绩效概念，从专利应用化经济效益、专利商品化经济效益、专利证券化经济效益、直接技术效益与技术累积效益五个具体准则，共 17 个评价指标考核专利创新绩效，能够切实提高专利创新效益与质量。诚然，具体指标所占的维度权重仍需依赖

于实践进行合理性调整，但具体框架的提出，或许能够为侵权损害赔偿制度中专利商业信息缺位问题提供一定的解决方式，为法官适用自由裁量权提供指引方向。

# 第三节　专利进入市场时间长度标准的引入

## 一、以专利进入市场时间作为补充标准的原因

专利侵权损害赔偿制度对赔偿金额的确定，即便在专利创新绩效得以客观化呈现的基础上，仍无法避免部分专利因新进入市场而缺乏基础商业信息，从而无法为审理法院提供判赔金额的参考依据。对此，笔者以为应当将"专利进入市场时间长度"作为补充标准，避免上述问题。

专利创新价值及价值实现的领军人物罗伊提出了重塑专利损害赔偿制度的新策略——基于"专利进入市场的时间"来作为确定最优专利保护强度的重要指标。"专利进入市场的时间"指的是从发明最初的创意到该发明作为商业化的产品第一次进入市场销售的时间。鉴于这一时间明晰可统计，政府应该使用这一指标来为不同行业甚至不同的权利人提供量身定制的专利损害赔偿。❶ 发明进入市场的时间与必需的激励研发的专利保护强度密

---

❶　ROIN B N. The Case for Tailoring Patent Awards Based on The Time-to-market of Inventions［J］. UCLA Law Review，2014：676.

切相关。最优的专利损害赔偿主要应取决于权利人的研发成本、研发失败的风险、研发项目成功情况下的预期未来收益，以及被竞争对手模仿的可能性，而专利进入市场的时间几乎是以上四个要素的可靠指标。更长的研发周期增加了研发成本并减少了未来可能从发明中获得的价值，同时与更高的自付研发费用和更大的技术不确定性相关。不仅如此，因为模仿者通常避免与创新相关的不确定性，反向工程技术的近期发展也使模仿者能够迅速地以较小的成本抄袭绝大多数的发明，更长的研发周期可能引致更强的被竞争者"搭便车"的脆弱性，具有更长的进入市场时间的发明因此需要更强的专利权以激励其研发。在私人市场，公司应当迅速地开发其发明以保持竞争力并从研发投资中获得足够回报已经是一项共识。

因此，在专利创新绩效因基础商业信息缺失而无法依赖时，法院可以参考涉案专利进入市场时间的长度，以同类专利为对比对象，以激励创新为目标而合理地确定侵权损害赔偿金额，这不失为一种可靠的裁判规则。

## 二、专利进入市场的时间与累积创新的关系

专利进入市场的时间能够影响累积创新的速度。专利进入市场的视角是用于预测专利会在何种程度上阻滞后续创新的强有力的指标。累积创新的模型预测——当以下三个条件成就时，更强的专利权更有可能阻滞创新而非推动创新：其一，较早的创新者将开发其发明，而不考虑是否有更强的专利权；其二，较早的创

新者获得的专利覆盖了该发明技术的许多后续改进；其三，在先和后续发明者之间进行专利许可的磋商存在高昂的交易成本。专利进入市场的时间与这三个条件呈负相关。快速进入市场的发明倾向于拥有更短的"产品生命周期"——这一专利会更快速地"过时"。

鉴于研发这一专利的权利人可能花费更短的时间以开发出更新的发明以取代它，在研发市场和产品生命周期较短的产业里，先发优势比专利更能激励研发。专利更有可能影响未来产品的改进，给后续创新者造成沉重的负担。不仅如此，竞争激烈的专利许可谈判成本可能更高，因为较短的研发时间相应的只有更短的专利许可交易时间，而谈判的延迟可能大大侵蚀原本已经很短的产品生命周期。因此，进入市场的时间不仅能够反映发明对专利保护的需要程度，也能反映这些专利是否会阻滞后续创新。

较长的专利进入市场的时间改变了市场结构，从而减少专利可能阻滞后续创新的可能性。在创新者和后续创新者的研发时间和费用相似的情况下，更长的专利进入市场时间起到了市场准入壁垒的作用，减少了现有发明对后续改进的阻滞程度。当发明进入市场时间增加时，这些发明的利润较少，同时，市场的进入者也将减少，具有更少进入者的市场更不容易产生专利所有权的碎片化，降低了后续创新者为了市场准入而获取必要专利交易的谈判交易成本。更低的预期利润加上更长的研发时间将可能减少研发支出，进而减少在这一市场的专利申请数量。后续创新者因此将面临更少的需要许可的专利或需要规避设计的专利，进而减少了对后续创新的专利税。当专利进入市场的时间增加时，具有更高研发成本的公司必须通过发明的销售收入获得研发补偿，因此可能研发高度异质化的产品以减少价格竞争。鉴于现有专利不大可能被高度异质化的产品所覆盖，也就更可能鼓励后续创新。不仅如此，当专利进入市场的时间增加时，在现有专利保护基础上的专利在过期前也将覆盖更少的后续改进，因此再一次减少了专利阻滞后续创新的可能性。

因此，法院可以将最优专利保护强度与进入市场时间进行关联，从而确定恰当的专利损害赔偿金额，因为专利进入市场的时间是可以统计的。

## 三、决定最佳专利保护强度的经济学要素

考虑到专利的社会成本，专利政策的标准经济理论认为，专利应该仅授予那些没有专利就不会向公众披露的发明。虽然专利因为限制了公众对新发明的接触，从而减少了创新的社会回报，但限制接触相较于无法接触而言，孰优孰劣显而易见。相反，如果专利权利人愿意在没有专利保护的前提下进行新发明，专利仅会造成垄断定价的社会成本，而不会相应地促进创新的收益。提供必需程度以外的保护将造成研发支出的浪费，当专利权利人互相进行竞赛以获取过量的专利权，这一现象被称为"专利军备竞赛"。

相同的原则应给予每一个发明适当程度的保护。专利的理想保护应该足够激励研发，但不应提供超过必要的保护。更有价值的发明应当给予更强的保护这一观点听起来似乎是一种直觉，但

这一观点忽略了保护的社会成本。如果发明需要某一程度的专利保护使公众得以获取专利，给予不足的专利保护将阻滞发展，然而给予过多的保护将造成额外的无谓损失，潜在的还可能造成专利军备竞赛中研发费用的浪费，而不会从增加的创新中带来相应的公共福利。理想状态下，为实现激励研发目的，专利体系会为发明提供最少数量的保护。某些专利比其他专利需要更多的保护，不同专利造成的社会成本和收益根据产业存在显著的差别。

发明的最佳专利保护强度既能体现专利保护的需求，又能体现这一专利阻滞后续创新的可能性。经济学上有四大主要因素决定必要的激励发明研发动机：其一，这一专利的研发费用；其二，这一专利的研发失败风险；其三，权利人从这一专利中的预期收入；其四，第三人对这一专利竞争性模仿的程度。其中，特别是专利竞争性模仿问题，防止竞争性模仿所支出的成本是否能够获得经济性回报，以及获得经济性回报是否存在某些障碍，是否存在从研发中获得回报的其他替代方式均需要予以考量。不可否认的是，需要更昂贵研发费用的专利需要更强的保护。一般来说，专利经济回报的普遍方式是需要产生足够的销售收入以覆盖其研发成本。对于那些可能涉及更大不确定的研发项目来说，经济意义上的基本原理是相同的。鉴于从一项研发投资中获得的预期回报必须足够赔偿其失败的风险，因此对此类专利予以更高强度的保护是更为合理的。同时，可能产生更少的年销售回报的发明也可能需要更强的保护以获利，主要是鉴于其需要更多的时间以产生足够的收入以覆盖其研发费用。如果发明容易被模仿，专利过期或者能够被轻易规避设计的可能性或许将造成剧烈的价格竞争，这同时也会迅速地侵蚀创新者的利润边际，除非能够通过强烈的先发优势或其他方式获得研发回报，发明专利的保护广度和深度必须足以使企业能够在丧失垄断保护前获得其全部研发投资的补偿。

有研究通过对传统知识资本市场价值模型的研究指出，某地知识产权的司法保护强度每提升 10%，可能会使当地上市公司所拥有的发明专利价值提升约 30%。也即，专利的司法保护对于专利价值而言，是极为重要的措施之一。[1] 当然，具体的保护强度与损害赔偿金额的确定，无法脱离专利所属的具体领域，因为，目前已经有压倒性的证据证明，这一问题的成本与收益因行业的不同存在较大差异。[2]

# 小　结

目前，我国的专利侵权损害赔偿制度理论基础根植于传统的专利目的激励理论，即旨在激励发明活动或激励披露专利信息，与方兴未艾的专利创新绩效理论完全脱钩。在"创新驱动发展"这一国家战略的背景下，现行专利侵权损害赔偿的制度价值取向

---

[1] 龙小宁，易巍，林志帆. 知识产权保护的价值有多大？——来自中国上市公司专利数据的经验证据 [J]. 金融研究，2018（8）：120-136.

[2] STUART J H，GRAHAM. High Technology Entrepreneurs and the Patent System：Results of the 2008 Berkeley Patent Survey [J]. Berkeley Tech. L.J.，2009（24）：1258.

逐渐显现出其不足之处：一是仅作为补偿和救济的侵权法救济途径，未能体现其创新助燃剂与市场涤化剂的公共政策价值理念；二是专利的实施、商业化与价值实现对专利侵权损害赔偿的确定并无影响，无法促进知识外溢弥补和内生增长促进专利的经济价值。现行的专利侵权损害赔偿的理论基础无法有效地激励企业提高专利创新能力，不能有效地为企业提高专利创新绩效服务。

本章回顾了专利侵权损害赔偿制度司法适用的逻辑起点，释明专利商业信息是专利价值评价的必要前提，这一前提在我国立法体例中已得到充分体现。即便如此，如上所述，专利商业信息的司法适用结果并不令人满意。因此，本章通过构建专利创新绩效这一评价维度，着重考察专利的商业价值，包括这一商业价值的实现过程与实现结果，为专利的有效保护提供科学依据。专利创新绩效概念的提出，不仅兼顾了既有制度对权利人保护的侧重，同时兼顾了我国知识产权战略发展。比如，专利创新绩效评价指标中的技术累积效益即以国家和社会的技术发展为评价对象。这一经济视角的补充，事实上恰与我国创新驱动发展战略的内涵与需求不谋而合。

专利创新绩效概念在司法活动中的引入，能够加强专利的司法与执法保护。专利研发收入与专利产出之间存在显著的正相关关系。[1] 通过加强知识产权保护的司法与执法力度，可以激励企业提升研发投资，并增加其专利产出。专利产出的提升，可以进

---

[1]　HAUSMAN J A, HALL B H, GRILICHES Z. Econometric Models for Count Data with an Application to the Patents-R&D Relationship [J]. 1984（52）: 909-938.

一步提升企业未来的财务绩效。❶加强知识产权的司法与执法保护力度，对于我国专利产出而言，具有两方面的影响：一方面是直接影响，当知识产权执法力度较强时，企业具有更强的动机为其研发的技术申请专利；另一方面是间接影响，加强知识产权执法力度能够驱动企业增加研发投入，进而增加专利产出。具体体现在：加强知识产权司法与执法力度将减少专利的外部性问题（企业很难阻止他人模仿其专利），降低专利被侵权的风险，提升研发投入的期待收益；同时加强知识产权执法力度将促使企业更愿意披露技术相关信息和未来前景给外部投资者，减少了专利的信息不对称水平，进而提升技术获得外部融资的可能性，因此以驱动企业增加研发投入。据此，加强专利保护司法与执法强度，将通过驱动企业增加研发投入进而间接地提升专利产出。

---

❶ 吴超鹏，唐菂.知识产权保护执法力度、技术创新与企业绩效——来自中国上市公司的证据［J］.经济研究，2016，51（11）：125-139.

# 第二章 我国专利侵权损害赔偿合理许可费规则法经济学分析

专利合理许可费（reasonable royalty）倍数赔偿是现行世界各国适用最为普遍的专利侵权损害赔偿金计算方式之一。我国现行《专利法》第 71 条规定了四项专利侵权损害赔偿金的计算规则，分别是：（1）权利人因侵权行为而遭受的实际损失（以下简称"实际损失规则"）；（2）侵权人因侵权所获利益（以下简称"侵权获利规则"）；（3）参照专利许可使用费的倍数合理确定（以下简称"合理许可费规则"）；（4）根据专利权的类型、侵权行为的性质和情节等因素确定给予 3 万元以上 500 万元以下的赔偿（以下简称

"法定赔偿规则")。四项规则的适用具有优先顺序,在实际损失规则与侵权获利规则难以适用时,方可适用合理许可费规则,在前述三项规则均难以适用时方可适用法定赔偿规则。

其中,合理许可费规则早在我国 2000 年《专利法》中即正式引入,是指在权利人的损失或侵权人获得的利益难以确定的情况下,由人民法院根据专利权的类型、侵权行为的性质和情节、专利许可的性质、范围、时间等因素,参照该专利业已存在的、不属于明显不合理水平的许可使用费倍数确定侵权损害赔偿金。然而这一在理论上最接近商业环境下平等主体自愿谈判的结果的赔偿规则确立二十年来,在我国司法实践中始终处于"乏人问津、适用惨淡"的状态,甚至被冠以"违背填平原则"之名。事实上,对合理许可费规则的错误适用,以及对部分权利人投机利用该规则可能造成的"实施异化"成本的质疑,不可混同为对该规则本身的否定。合理许可费规则不仅能够有效矫正专利侵权法定赔偿占绝对主导造成的严重"补偿不足",而且还能引导侵权人采取合乎社会总体效率的非侵权决策,推动我国许可服务市场的发展。

为解决我国专利侵权中合理许可费规则面对的种种问题,笔者拟通过厘清合理许可费规则的内在机理以及外部适用,系统地反思并完善合理许可费规则的法律适用体系,根植于我国现阶段累积创新的特征及需求,从成本和效益的角度分析合理积极适用合理许可费规则的利弊。通过构建以"有效促进专利转化"为战略目标的合理许可费规则,明确合理许可费规则的司法适用进路,以期为立法者、执法者和产业界人士提供对合理许可费规则更为全面的评估和参考。笔者认为，我国目前应继续维持既成许可费规则的唯一适用，并将传统的依序适用模式调整为平行适用模式。同时，对专利许可费的真实性与合理性检验提出进一步细化标准，以及引入"专利商业化程度"作为确定具体"倍数"的"涉案因素"。

## 第一节　合理许可费规则基本理论的反思与再阐释

### 一、填平侵权损害的本质属性

合理许可费规则秉承传统民法财产权完全补偿的基本法理是不言而喻的。❶填平原则是侵权民事责任的一般规则，旨在通过损害赔偿等责任方式填补受害人遭受的财产或人身损失。❷这一"填补"与受害人所遭受的损害有关，一般而言遵循着损补对等的公式。然而，合理许可费规则的填平属性却频频受人诟病。因此，有必要对这一自不待言的事实作出"赘述"。

我国在合理许可费规则适用时，司法往往采用既成许可费法，即要求涉案专利许可费需真实既定且数额合理。不过，既成

❶　张鹏.专利侵权损害赔偿制度研究——基本原理与法律适用［M］.北京：知识产权出版社，2017：175.

❷　张新宝.侵权责任法原理［M］.北京：中国人民大学出版社，2005：19.

许可费法的适用具有较高的举证门槛与难度。例如，美国为论证适用"既成许可费"的合理性，通过判例规定了严格的举证责任，要求涉案许可费必须：（1）在侵权前支付；（2）由相当数量的被许可人支付以显示其费率的合理性；（3）与被许可地区的许可费一致；（4）不是在诉讼或调解威胁下所确定的；（5）涵盖与讼争所涉同类权利种类或用途。❶ 相似地，我国司法实践中亦要求权利人提供既有的专利实施许可合同，还需要提供许可合同真实事实的相关证据。虽然，如此严格的举证要求一定程度上架空了合理许可费规则司法适用，但为了防止滥用该规则，以保证判赔数额的填平属性，这些条件也是必要的。

比如，早年汤宗舜提出三倍许可费突破了补偿性赔偿的填平原则，相较于德国、日本的侵权人只负担许可使用费的合理数额，我国的倍数赔偿方式比国际规则明显畸重。❷ 徐小奔也认为合理许可费规则的"倍数"要件产生了超额赔偿的效果，相悖于填平原则，可能导致专利权人从被侵权行为中获利。❸ 范晓波认为合理许可费规则的"倍数"要件会导致判赔数额高于或低于许可费，可能导致合理许可费规则与专利惩罚性赔偿制度重叠，并认为"倍数"要件不仅没有必要，反而增加了该规则适用的困

---

❶ Mobil Oil Corp. v. Amoco Chems. Corp., 915 F. Supp. 1333, 1342（D. Del. 1994）; Rude v. Westcott, 130 U.S. 152, 164–65（1889）.

❷ 汤宗舜. 专利法教程［M］. 北京：法律出版社，2003：245.

❸ 徐小奔. 论专利侵权合理许可费赔偿条款的适用［J］. 法商研究，2016，33（5）：184–192.

惑。❶ 张扬欢认为"倍数"要件的适用是以许可费为基数而达到包括利润损失在内的判赔数额，同时提出这一规则的适用可能拉大判赔金额与权利人真实损失金额之间的差距。❷ 由此看来，理论界对合理许可费规则的主要意见在于该规则在"倍数"的加持下，可能导致判赔结果畸轻或畸重，这不仅有违基本的填平原则，还可能产生不当的惩罚性效果。

从立法者立法过程中的考虑因素来看，"倍数"要件本意并非突破填平原则，而是基于在部分案件中一倍许可费的数额难以达到填平权利人损失的程度。❸ 市场中，专利许可方式可分为普通许可、排他许可与独占许可。同时，专利许可费的确立往往与专利开发难度、专利产品销售的利润与规模等因素紧密相连。复杂的专利许可方式与许可费确定标准极有可能导致权利人因被侵权遭受的损失并不对等于既定的专利许可费。理论界之所以提出上述批判意见，是对实践中该规则被僵化适用而提出的担忧，这并不意外。但担忧并不意味着这一规则本身具有天然的弊端，生硬地适用多倍许可费进行判赔导致惩罚性赔偿的效果不足以论证这一规则有违填平原则，反而显示出正确适用该规则的难度与必要性。

---

❶ 范晓波.以许可使用费确定专利侵权损害赔偿额探析［J］.知识产权，2016（8）：99–105.

❷ 张扬欢.专利侵权之许可费损失赔偿研究［J］.电子知识产权，2017（12）：55–64.

❸ 国家知识产权局条法司.新专利详解［M］.北京：知识产权出版社，2001：340.

## 二、法定适用要件的考察评析

根据现行《专利法》第 71 条，适用专利合理许可费规则计算专利权侵权损害赔偿需要满足以下三项条件。

第一，顺序要件，即在实际损失规则与侵权获利规则难以适用时，才可以适用合理许可费规则。我国《专利法》所确立的四种损害赔偿计算规则的适用顺序，与法官自由裁量空间大小存在直接关联。实际损失规则与侵权获利规则均有着明确的损害赔偿金额计算公式，理论上可以精准地计算出具体的判赔数额。而法定赔偿规则由于不具有明确的计算公式，因此作为兜底规则。相较之，合理许可费规则虽然有着许可费乘以倍数的基本公式，但如上文所述，其不得脱离于侵权情节等涉案因素而合理确定，因此合理许可费规则虽具有兜底性质，但优先于法定赔偿规则。不过，从域外立法例来看，并非所有国家均将合理许可费规则作为兜底规则予以适用。例如，《日本专利法》第 102 条平行规定了实际损失规则、侵权获利规则与合理许可费规则。从我国司法实践来看，实际损失规则、侵权获利规则虽有着几乎完美的计算公式，但在司法实践中往往由于举证问题导致难以适用。因此，若合理许可费规则能够同样地起到较为精准的填平作用，抑或能够更为有效地得以适用，将三项规则的顺位模式调整为平行模式并无不可。如此不仅符合立法逻辑，亦可激励法官与权利人依据合理许可费规则审理案件与寻求救济。

第二，真实合理要件，即涉案专利许可费需真实既定，且数额合理。专利许可使用费具体数额是合理许可费规则的适用基础。既成许可费法要求法官参照已经完成谈判并真实履行许可义务（如支付许可费等）的涉案专利许可交易以确定判赔数额；同时，要求专利许可使用费需具有一定合理性，从而确保将该许可使用费作为计算基数不会明显违背填平原则，即法官必须判断判赔数额是否"明显不合理"。但这一要件极易导致相当吊诡的局面：适用"既成许可费"的法理基础决定了该计算方式的隐含举证门槛应非常严格及复杂。事实上，无论是国外还是国内，对于确保许可价格的真实性和合理性，防止该计算方式被投机滥用，这些条件应是不言而喻的，但如此严格的举证要求在一定程度上架空了合理许可费规则的适用。

第三，涉案因素与"倍数"要件，即在既成许可费的基础上，为了实现填平效果，使侵权人将侵权造成的外部成本内化，需结合作为调整工具的涉案因素与许可费倍数，进一步确定具体的判赔数额。但是，我国《专利法》对于合理许可费规则的规定又过于原则抽象，缺乏指导性与可操作性。无论是我国 2000 年、2008 年，还是 2020 年修正的《专利法》，对合理许可费规则仅有高度概括的原则性规定。虽然《最高人民法院关于审理专利纠纷案件适用法律问题的若干规定》（2020 年修正）（法释〔2020〕19 号）第 15 条对判赔数额的确定规定了若干参考因素，但专利权的类型、侵权行为的性质和情节是所有赔偿计算方式的通用因素，专门适用于合理许可费规则的因素仅有许可性质、范围和时间三个要素。而在司法实践中，在先许可与诉争中的专利使用在性质、范围、时间之外可能还存在许多差异。例如在先许可是"一揽子"许可，后案只涉及单个专利；例如在先许可是按入门费加抽成方式付费，而后案只涉及一次性收费等。要求法院参照不同许可交易条件下达成的在先许可价格确定赔偿基数实属挑战。

　　需要明确，权利人实际损失是确认判赔数额的核心依据，任何一种计算判赔数额的规则均不得脱离于权利人实际损失而直接适用，计算规则的适用应以达到填平权利人损害为根本要求，不应受困于教条而产生本末倒置的效果。质言之，将许可费乘以一定的倍数只是接近"非法获利赔偿的一个变形"❶，在合理许可费规则被正确适用的情况下，不应且不会违背填平原则。即"倍数"要件作为一项调整工具，提升了该规则的灵活性，对达到填平权利人损害的目的具有关键意义。特别是2015年修改通过的《最高人民法院关于审理专利纠纷案件适用法律问题的若干规定（2015）》（法释〔2015〕4号）删去了2013年版第21条中对倍数"1至3倍"的法定限制，进一步表明了"倍数"要件根据个案而灵活适用的价值追求。"倍数"要件在合理许可费规则中的意义不应被过度放大。根据《最高人民法院关于审理专利纠纷案件适用法律问题的若干规定》（2020年修正）（法释〔2020〕19号）第15条，生硬地将合理许可费规则理解为赔偿数额等于"专利许可费"乘以"倍数"有所偏误。对该条按照文义解释，正确的理解应当是：在结合"涉案因素"的基础上，参照"专利许可费"的"倍数"，以合理地确定赔偿数额。特别是在权利人的实际损失小于涉案许可费时，"倍数"要件的不必要性尤为明

---

❶　和育东，石红艳，林声烨.知识产权侵权引入惩罚性赔偿之辩［J］.知识产权，2013（3）：54-59.

显。概言之，"倍数"要件是以一倍许可费不足以填补权利人因被侵权遭受的损失为适用前提，在适用"倍数"要件所得的赔偿数额"明显不合理"时，应当然地不予适用。

有学者曾通过举例说明"倍数"要件可能导致合理许可费规则相悖填平原则，其提出"如果知识产权人与他人签订的许可使用合同约定的许可使用费为每年 100 万元，被许可人的年产量为 10 万件。而侵权人侵权时间仅有半年，侵权人的生产规模较小，年生产能力仅能达到 1 万件。那么此时如果以许可使用费确定赔偿额，数额必定低于 100 万元，不足 1 倍，无法以'倍数'确定赔偿额"。❶ 该例证的缺憾在于未考虑"涉案因素"而直接以倍数作为调整工具。根据侵权行为的性质和情节（侵权人生产能力较弱）以及专利许可的时间（侵权时间为专利许可费对应许可时间的一半），参照既定的专利许可费，若该例证中专利许可费的计费方式为根据专利产品的销售利润进行计算，则以 5 万元（年许可费乘以时间比例以及产量比例）作为赔偿额的基数，结合其他涉案因素（比如侵权产品的利润率相较于被许可人专利产品更高，则应适当提升赔偿额）作出具体调整更为恰当。

反之，可以举出对应的例证，如果知识产权人与他人签订的许可使用合同约定的许可使用费为每年 100 万元，被许可人的年产量为 1 万件，而侵权人侵权时间已有半年，侵权人的生产规模较大，年生产能力能达到 10 万件。那么此时如果以许可使用费

---

❶ 范晓波 . 以许可使用费确定专利侵权损害赔偿额探析［J］. 知识产权，2016（8）：99-105.

确定赔偿额，在与上述例证条件相同的情况下，以 500 万元作为赔偿额的基数，结合其他涉案因素作出具体调整更为恰当。也即侵权情节等涉案因素对于确定权利人因侵权而遭受的损失数额可能具有决定性影响，此时不应拘泥于"倍数"要件的天然限制。但这不意味着"倍数"要件不再具有实质意义，正是因为"倍数"要件的存在，才能有效保证必要时以既定的许可费作为判赔数额的调整基数具有充分依据。

提高合理许可费规则的灵活性也并不意味着该规则与法定赔偿规则的混同。合理许可费规则是在以明确的专利许可费为本位的基础上，综合其他涉案因素通过倍数的调整，以确保最终判赔数额尽可能完全地填补权利人遭受的损失。法定赔偿规则是在专利许可费难以确定时的进一步兜底规则。相较于法定赔偿规则，合理许可费规则更为具体地贴近了权利人的具体损失数额，减少了法官自由心证导致的判赔数额与真实损失之间的离散。

新制度经济学派的鼻祖诺斯认为制度的目的在于通过为人们提供日常生活的规则来减少不确定性，因此如果一项制度没有减少不确定性，那么它就是不健全的，甚至不能称为制度。❶ 现有法律原则的规定过于简单抽象，对解决专利侵权损害赔偿问题未能提供清晰的思路，无法为司法实践中专利侵权损害赔偿金的认定减少不确定性，极大地提高了合理许可费规则在司法实践中遭受冷遇的概率。

---

❶ 王磊，赖石成 . 中国经济改革过程中的制度分析——以诺斯的制度理论透视当下中国经济改革 [ J ] . 现代管理科学，2015（3）: 42–44.

# 第二节　我国合理许可费规则的司法适用

法律经济学"着眼于未来"的特征强调："法律的价值最终必须按照它在实现其目标方面的成功来评价，而不纯粹以它形式的法律结构来判断。"[1] 因此，即便在理论上合理许可费规则能够理想地实现其应有的目标价值，但实践中是否如此还有待进一步评估。

## 一、基准专利许可费的确定方法

专利许可费要素无疑是该规则的基石，在个案中确定专利许可费的具体数额是该规则适用的前置要件。目前我国司法实践对于确定专利许可费采用唯一的既定许可费法。但理论上不乏学者质疑，基于既成许可费法，权利人无法运用既成合理许可费获得足够赔偿，并建议我国法院放松对"既成"的要求，引入美国的"虚拟谈判"（the hypotheticalne gotiation）方式，采纳美国

---

[1]　BURROWS P，VELJANOVSKI C G. The Economic Approach to Law［M］. London：Butterworths，1981：8.

法的"乔治亚 – 太平洋要素"以确保权利人获得足够赔偿。❶因此,评估美国虚拟谈判法等各具体计算方式是有必要的。对这一问题,美国作为发达专利制度的代表性国家,自 1790 年规定专利侵权损害赔偿至今,其处理模式已较为成熟。虚拟谈判法为美国目前主要的许可费计算方法,除此之外,美国还存在分析法(the analytical approach)与既成许可费法(established royalty)。

### 1. 虚拟谈判法

鉴于多数学者提出美国虚拟谈判法可以为我国所借鉴,因此笔者对该方法简要展开论述。1915 年美国联邦最高法院即已确认,如果无法获得既成许可费,法院可以根据专利权人所提供的"有关专利价值的证据"确定"假想许可谈判中的合理许可费"❷。随后美国在 1922 年的专利法案中正式确定合理许可费计算方式并基于 1952 年的专利法案沿用至今。❸美国决定合理许可费最常见的方法是在乔治亚 – 太平洋集团诉美国波利坞集团(Georgia-Pacific Corp. v. United States Plywood Corp.)一案中确定的具体计算的 15 个因素❹,即:(1)权利人过去收取的诉争案件专利的许可费,证明或倾向证明既成的许可费;(2)被许可人支付的、为了使用与诉争案件类似的其他专利的费率;(3)许可的性

❶ YANG Y Y. A Patent Problem: Can the Chinese Courts Compare with the U.S. in Providing Patent Holders Adequate Monetary Damages [J]. Journal of Patent and Trademark Office Society, 2014(96): 156. 徐小奔. 论专利侵权合理许可费赔偿条款的适用 [J]. 法商研究, 2016, 33(5): 184–192.

❷ Dowagiac Mfg. Co. v. Minn. Moline Plow Co., 235 U.S. 641, 648(1915).

❸ 35 U.S.C § 284(2012).

❹ 18 F. Supp. 1116(S.D.N.Y. 1970).

质与范围，排他或非排他，许可区域是否受限，许可对象是否受限；（4）许可人现有的、保持其专利垄断的政策和营销项目，例如不许可给他人使用其发明或只在特殊条件下授予许可以保证其垄断；（5）许可人和被许可人之间的商业关系，例如其在商业的同一区域、同一行业内是否是竞争者，或是否其是发明人或推广人；（6）销售特定特征以提升被许可人其他产品销售的效果，发明对于许可人销售其他非专利产品的价值，以及这种衍生或护航销售的范围；（7）许可的条款及专利的期限；（8）专利覆盖的产品的现有利润率，其商业成功概率以及其现有的销量；（9）专利产权就旧有模式或产品的效用和优势，已经被用以产生相同结果；（10）专利发明的性质，许可人对之商业化的程度，以及对使用该发明的人的效益；（11）侵权人使用该发明的程度，以及对该使用价值的证据；（12）在特殊的商业或类似商业中使用该发明或类似发明的利润部分或售价；（13）排除侵权人的非专利因素、制造流程、商业风险或特征后，应归功于该发明的利润部分；（14）适格专家的意见证言；（15）在双方已经合理并自愿尝试达成协议的情况下，许可人（如专利权人）和被许可人（如侵权人）本应同意（在侵权开始之时）的数字，换言之，一个审慎的被许可人（会希望获得许可制造并销售特定物件包含专利发明）会愿意付出多少授权费且仍能得到合理利润，以及审慎的权利人当初在多少金额下才愿意许可。

上述15个要素被称为"乔治亚 - 太平洋要素"以确定合理许可费，并提出了合理许可费的"假设谈判"体系。这一体系通过假定专利权人和侵权人在侵权发生时进行了假设谈判，双方彼此不存在信息不对称，且专利有效且侵权成立，判断侵权人愿意为使用涉案专利支付多少金额。同时，这一做法还实质假定被许可人能够通过使用专利而获得合理利润。

作为美国适用最频繁的专利侵权赔偿计算方式，美国学界对合理许可费制度进行了多维度的深入研究。兰利和夏皮罗（Lemley & Shapiro）提出许可费叠加（royalty stacking）问题，指一件包含了多个部件的产品侵犯了多个专利并随之需要支付多重许可费的情况。❶ 潜在的过度赔偿叠加效应对制造商来说意味着巨额成本并将阻滞创新。许可费本身的总成本可能就超过了产品的价值，进而将侵权人完全驱逐出市场。同时也有许多学者批评"乔治亚－太平洋要素"弹性心证的空间太大，可能为专家所操纵。❷ 法院也批评合理许可费的计算太过复杂，"更多地需要魔术师来解决而不是由法官决定"❸。

围绕这一系列问题，美国学界提出了重塑"乔治亚－太平洋要素"的诸多理论。怀特论证纳什的博弈理论能够充分依据具体个案的实际情况进行分析，考虑了诉讼双方的博弈地位，能够中立地计算及调整合理许可费损害赔偿，因此应作为"乔治亚－太

---

❶    LEMLEY M A, SHAPIRO C. Patent Holdup and Royalty Stacking [J]. Texas Law Review, 2006（85）: 1991.

❷    THOMAS F C. Four Principles for Calculating Reasonable Royalties in Patent Infringement Litigation [J]. Santa Clara Computer & High Tech. L. J., 2010（27）: 725.

❸    Fromson v. Western Litho Plate & Supply Co., 853 F.2d 1568（1988）.

平洋要素"的替代计算方式。❶道奇（Dodge）提议法院应在适用合理许可费规则时首先运用真实商业环境中的"最可比较许可"（most comparable license）作为许可费的下限，其次是法院应对证据与"乔治亚－太平洋要素"进行逐一对应的审查以增强确定性与可审查性。❷希曼（Seaman）基于经济学上的可替代性原则和谈判理论，提出合理许可费不应超出被诉被侵权人采用可接受的非侵权替代方案的预期成本。❸

不过，尽管美国联邦最高法院认为以"自愿许可方—自愿被许可方"（willing licensor-willing licensee）的方式确定合理许可费是荒谬的，但其仍然将"乔治亚－太平洋要素"视为计算真正谈判下合理许可费的一种方式，以达到对权利人遭受损害的补偿。❹总体而言，虚拟谈判法作为美国目前最常用的许可费计算方法，仍有效地调整着个案中专利许可费的确定问题。

2. 分析法

分析法是美国联邦最高法院批准的第二种合理许可费计算方

---

❶　WYATT L. Keeping Up with the Game: The Use of the Nash Bargaining Solution in Patent Infringement Cases [J]. Santa Clara High. Tech. L.J., 2015（31）: 427.

❷　DODGE R E. Reasonable Royalty Patent Infringement Damages: A Proposal for More Predictable, Reliable, and Reviewable Standards of Admissibility and Proof for Determining a Reasonable Royalty [J]. Indiana Law Review, 2014（48）: 1023.

❸　SEAMAN C B. Reconsidering the Georgia-Pacific Standard for Reasonable Royalty Patent Damages [J]. Brigham Young University Law Review, 2010: 1661.

❹　Rite-Hite Corp. v. Kelley Co., 56 F.3d 1538, 1554 n. 13（Fed. Cir. 1995）（en banc）; Maxwell v. J. Baker, Inc., 86 F.3d 1098, 1109（Fed. Cir. 1996）.

法，这一计算方法不同于真实或假设的专利许可谈判，而是根据侵权行为开始时，侵权人对侵权产品的预期利润来计算损害赔偿，后按照销售额的百分比在侵权人和权利人之间分配利润，继而确定合理许可费判定损害赔偿金额。

美国联邦巡回法院在 TWM 制造公司诉杜拉集团案（TWM Manufacturing Co. v. Dura Corp.）❶中批准了这一方法。该案中，侵权人在实施侵权行为之前即通过内部备忘录记录并预测每个侵权产品的销售毛利润为 50%，预计净利润为预期销售价格的 40%。由于标准行业净利润约为销售价格的 10%，因此确立合理许可费为侵权产品利润与行业净利润之差——30%。该案中，联邦法院明确驳回了侵权人提出的虚拟谈判法是计算合理许可费唯一方法的主张，并表示分析法亦是适当的。

不过，显而易见的是，类似于该案中的内部备忘录等文件并不寻常，而且，实践中预期利润的确定亦具有不确定性；更何况企业中真正实施的商业项目往往在计划、审批前的预期利润将高于行业标准利润（否则该项目则不具有优势），从而使企业特别是作为权利人的预期利润往往高于合理的专利许可费。

3. 既成许可费法

既成许可费法是指以专利权利人与被许可人既有且已经履行过的专利许可费为基准，确定损害赔偿金额的计算方法。事实上，既成许可费是虚拟谈判法中"乔治亚－太平洋要素"中的第

---

❶　TWM Manufacturing Co. v. Dura Corp. 789 F. 2d 895（Fed. Cir. 1986），cert. denied，479 U.S. 852（1986）.

一要素，即"权利人过去收取的诉争案件专利的许可费，证明或倾向证明既成的许可费"。而且，理论上即便纠纷中权利人提供了既有的专利许可费相关证据，也将面临"薄弱"的许可范围无法代表整个行业的一般标准，从而使既成许可费的说服力较低。当然，随着专利池的适用，既成许可费法的可适用性或许将有所提升。本质上，这其实是涉案既成许可费金额是否合理的问题。

相较之虚拟谈判法，既成许可费法要求个案中存在既有的专利许可费，其适用范围显然小于虚拟谈判法；而虚拟谈判法则要求法官通过对各要素的掌握，以达到最符合真实市场条件下的谈判结果，对我国而言具有更大的适用难度。制度经济学强调，制度是决定经济增长的关键性要素❶，只有良好的制度才能激励人们进行投资和交易，社会资源才能配置到最有效率的用途上。❷合理许可费规则是我国专利侵权赔偿的重要计算方式之一，与我国《专利法》的总体立法目标相一致，即"保护专利权人合法权益、鼓励发明创造、推动发明创造的运用、提高创新能力以及促进科学技术进步和经济社会发展"。如果我国合理许可费规则的立法规定完备且司法实施运行良好，将主要表现为该制度能够确保专利权人获得足够赔偿，鼓励人们对发明创造进行投资（包括原始创新与累积创新），促进专利的许可交易与技术转移，并最终引导专利技术的商业化以实质性地推动社会发展。

---

❶　NORTH D C, THOMAS R P. The Rise of the Western World: A New Economic History [M]. New York: Cambridge University Press, 1973.

❷　马光荣.制度、企业生产率与资源配置效率——基于中国市场化转型的研究 [J].财贸经济，2014（8）: 104-114.

## 二、合理许可费规则适用的司法现状

为充分了解我国专利权侵权案件中合理许可费规则的司法适用现状，从其实施实效加以评估，笔者对我国合理许可费规则的司法适用率，以及我国适用合理许可费规则的法院最终支持金额与原告诉请金额之比（以下简称"法院支持诉请金额比率"）进行实证考察。同时，由于法定赔偿规则基于更强的兜底性，在司法实践中具有重要意义，因此，笔者亦对法定赔偿规则的司法适用率和我国适用法定赔偿规则的法院支持诉请金额比率等进行实证考察以作对比参照。

由于我国司法实践中适用合理许可费规则的案例较少，笔者通过"裁判文书网"，以"2016年至2020年"为时间范围，以"《中华人民共和国专利法》第65条"（2020年《专利法》第71条）为检索关键词，在不加其他限定条件的情况下，检索到民事判决书共计3586件，其中2016年499件，2017年862件，2018年948件，2019年738件，2020年539件。统计结果显示，适用合理许可费规则的仅有5起案例，合理许可费规则的司法适用率仅有0.139%，法院支持诉请金额比率为71.85%。当然，由于部分案例可能涉及商业秘密等因素而未上传至裁判文书网，导致这一数据存在误差，但其已足以反映我国合理许可费规则长期处于"乏人问津、适用惨淡"的司法状态，显示出该规则的立法价值未得以充分实现。

更值得注意的是，如表2-1所示，适用合理许可费规则的5起案例，仅有宝德照明集团有限公司、孔某房屋租赁合同纠纷案❶中，审理法院直接明确以 1 倍专利许可使用费数额进行判赔；以及常州市金浦丰照明电器有限公司、江苏科德照明电气有限公司侵害外观设计专利权纠纷案❷中，审理法院实质上以 1 倍专利许可使用费数额进行判赔。其余 3 起案例中，审理法院均参照许可费数额、侵权因素等在 1 倍许可费数额以内进行判赔。即司法实践中，我国法院并未突破许可使用费的 1 倍界限，仅在"合理确定赔偿数额"的自由裁量空间内以低于 1 倍许可使用费的金额进行酌情判决。

表 2-1　2016—2020 年适用合理许可费规则案件的法院支持诉请金额比例

| 案号＼具体内容 | 涉案许可费金额（元） | 权利人诉请金额（元） | 法院支持金额（元） | 法院支持诉请金额比例（％） |
|---|---|---|---|---|
| （2020）皖民终 1199 号 | 33 495 | 33 495 | 33 495 | 100 |
| （2019）辽民终 1131 号 | 420 000 | 800 000 | 400 000 | 50 |
| （2018）粤民终 958 号 | 78 000 | 78 000 | 50 000 | 64.10 |
| （2018）浙民终 561 号 | / | 2 916 000 | 1 200 000 | 41.15 |
| （2018）粤民终 1345 号 | 78 000 | 78 000 | 78 000 | 100 |

低适用率难免间接地对权利人产生消极影响，从而进一步降低合理许可费规则的适用性。比如在上海帛琦婴童用品有限公司、浙江葆葆儿童用品有限公司侵害外观设计专利权纠纷一案❸中，当事人主动放弃适用合理许可费规则而主张法定赔偿规则。

---

❶　安徽省高级人民法院（2020）皖民终 1199 号判决书。
❷　广东省高级人民法院（2018）粤民终 1345 号判决书。
❸　广东省高级人民法院（2019）粤民终 1233 号判决书。

虽然该案当事人提交了获得专利权人许可的备案资料，但其并不以许可费之倍数为计算损害赔偿的依据。与我国该司法现象形成强烈对比的是，美国在 2008—2017 年适用合理许可费规则的专利侵权案件达到 81%。❶ 不过需要释明的是，美国专利法只规定了两种规则：实际损失规则与合理许可费规则。美国专利权人适用实际损失规则同样面临较大的举证难度，因此其更倾向于选择合理许可费规则。对于我国而言，当然，适用合理许可费规则的案件之外，并非没有权利人主张适用合理许可费规则，但基于立法所暗含的真实"既成许可费"苛刻的举证要求，权利人的主张往往难以获得审理法院的支持，从而加剧了合理许可费规则被搁置的现状。

为与合理许可费规则作出对比，并为尽可能准确地反映当下我国司法实践中法定赔偿规则的适用率，以及法院支持诉请金额比率等，笔者通过"裁判文书网"，同样以"2016 年至 2020 年"为时间范围，以"《中华人民共和国专利法》第 65 条"（2020 年《专利法》第 71 条）为检索关键词，但加之"案件名称'发明专利'"为检索条件，检索到民事判决书共计 272 件，其中 2016 年46 件，2017 年 62 件，2018 年 86 件，2019 年 46 件，2020 年 32件。其中，审理中驳回起诉的案件有 9 件，重复案件有 4 件，即有效统计民事判决书总数为 259 件。

根据统计结果，如表 2-2 所示，虽然我国专利法确立了四

---

❶　PWC. 2018 Patent Litigation Study［EB/OL］.［2021-02-15］.https：//www.ipwatchdog.com/wp-content/uploads/2018/09/2018-pwc-patent-litigation-study.pdf.

种基于填平原则的侵权损害赔偿金计算方法，但 259 个有效统计样本中，适用法定赔偿规则的案件有 249 件，该规则适用率达96.14%，这与合理许可费规则不足 1% 的司法适用率相比有着极大的差距；另外，统计样本所适用的 2008 年《专利法》第 65 条规定的法定赔偿的判罚范围为 1 万 ~ 100 万元，而样本统计中法院支持诉请金额比例仅为 34.26%，数额上发明专利侵权的法定赔偿平均值仅为 19.13 万元。

表 2-2 我国法定赔偿规则司法适用的实证考察

| 实证考察对象 | 司法适用率<br>（%） | 法院支持诉请金额比例<br>（%） | 法定赔偿平均值<br>（万元） |
|---|---|---|---|
| 具体结果 | 96.14 | 34.26 | 19.13 |

从制度背景来看，与合理许可费规则司法适用现状相对应的是我国发明专利较低的许可率和低水平的专利商业价值。根据国家知识产权局《2019 年中国专利调查报告》，我国国内有效专利许可率在 2015—2019 年期间始终低于 10%，分别为 9.9%、8.1%、6.8%、5.5%、6.1%。❶ 与此同时，由于专利侵权损害赔偿对讼争专利的潜在价值和许可具有"强烈的公示作用"❷，侵权赔偿水平对专利的商业价值也会产生重大影响。近年来，我国已经成为专利申请第一大国，然而不可回避的是我国专利的商业价值尚处于较低的区间，国家知识产权局 2019 年的调查显示专利

---

❶ 国家知识产权局 .2019 年中国专利调查报告［R/OL］.［2021-02-15］. https：//www.cnipa.gov.cn/module/download/down.jsp?i_ID=40213&colID=88.

❷ NILSON S, AXEL.The Unpredictability of Patent Litigation Damage Awards：Causes and Comparative Notes［J］. Intellectual Property Brief, 2012（3）：53.

权人预期收益在 50 万元以下的占比 71.8%。基于以上数据可知，我国现有专利合理许可费规则未能在促进专利许可交易、提升专利商业价值方面发挥出理想的作用，根源在于我国专利商业化发展仍不尽如人意，即相较于域外发达国家，我国的专利发展状况亦在阻碍着合理许可费规则的适用。

一个用心良好的制度如何避免"播下的是龙种，却收获了跳蚤"的局面，需要立法者和执法者从成本与效益的角度更全面地评估和衡量合理许可费规则，充分考虑该制度得以有效执行的各要素，确保法律运行的效果。从相关实证数据来看，我国法定赔偿规则"门庭若市"，而本应发挥主要作用的合理许可费规则却"门可罗雀"。

# 第三节　我国适用合理许可费规则之成本

## 一、增加短期内我国企业累积创新成本

基于上文实证数据统计显示，2016—2020 年，在我国适用专利合理许可费规则进行判赔的民事判决中，法院支持诉请金额比率为 71.85%，远远高于适用法定赔偿规则案例中的法院支持诉请金额比率。合理许可费规则大幅提升了原告所获赔偿的比率，实质性增强了我国专利权的保护水平。然而，基于我国的创新现状和创新需要，司法政策的转向在短期内可能直接增加我国

企业进行累积创新的成本。

累积创新是指后续发明人使用由一项有效专利覆盖的在先发明以进行研发的情形。❶ 基于宏观角度，依据世界银行统计的各国知识产权许可费国际收支最新数据 ❷，2015—2018 年，我国知识产权许可费逆差基本呈现不断扩大趋势，即便在 2019 年有所回调，仍然存在较大逆差。随着我国知识产权战略发展的稳步推进，可以预见这一逆差将不断缩小，但短期内对我国企业的影响仍不可忽视；基于微观角度，截至 2019 年，依据国家知识产权局关于我国有效专利的统计数据 ❸，我国国内有效专利的实施率达到 55.4%，企业专利的实施率相对较高，达到 63.7%，其中战略性新兴产业企业的有效专利实施率明显高于非战略性新兴产业企业。我国企业拥有的专利数量不仅呈现上升趋势，绝大多数专利权人对我国知识产权战略发展持积极看法。

然而，我国专利的许可交易与技术发展仍不尽如人意。我国仍有大量专利得到授权后因各种因素闲置，无法转化为真正的生产力，严重影响创新积极性。从专利质量来看，2018 年，国外在华有效发明专利平均维持年限为 9.7 年，比国内有效发明专利平均维持年限高 3.4 年，明显高于国内企业。特别是中美贸易战以来，美国对关键战略性技术的输出采取了更为保守的封锁策

---

❶　SINAI O T. Cumulative Innovation in Patent Law: Making Sense of Incentives [J]. IDEA: The Intellectual Property Law Review, 2010 ( 4 ): 731.

❷　The World Bank. Charges for the Use of Intellectual Property [EB/OL]. [2021-02-15]. https: //data.worldbank.org/indicator/BX.GSR.ROYL.CD.

❸　国家知识产权局.2019 年中国专利调查报告 [R/OL]. [2021-02-15]. https: //www.cnipa.gov.cn/module/download/down.jsp?i_ID=40213&colID=88.

略，这加剧了我国依附式的发展模式，使我国难以在全球生产链分工中占据中高端位置。❶同时，美国在市场、技术等多项因素对我国进行围堵，我国的战略性新兴产业专利技术的引进难度会更大，使我国专利市场面临不容小觑的挑战。

宏观与微观的双重数据表明，虽然我国某些行业的领军企业初步具备创新能力，大部分企业甚至已逐渐形成自身的创新模式，但我国企业进行累积创新仍难以脱离国外企业所掌握的高商业价值核心专利、基础专利，短期内引进和运用国外专利的能力和成本对于我国企业的累积创新至关重要。

适用合理许可费规则，能提高我国专利许可使用费的标准，但会直接增加我国企业的累积创新成本。在通过许可交易合法运用专利的情况下，更强的专利权保护水平将减少许可人面临的来自被许可人的纵向竞争，同时将减少被许可人面临的横向竞争，因此将提高许可费水平。❷鉴于短期内提升专利许可费水平最直接的受益人将是国外专利权人，而我国企业进行累积创新的许可费成本将实质性增加，这将减少我国企业从事累积创新获得的利润预期，进而可能减缓我国企业的累积创新。

---

❶　陈子烨，李滨.中国摆脱依附式发展与中美贸易冲突根源［J］.世界经济与政治，2020（3）：21-43，155-156.

❷　NAGAOKA S. Determinants of High-Royalty Contracts and the Impact of Stronger Protection of Intellectual Property Rights in Japan［J］. Journal of the Japanese and International Economies，2005（2）：233-254.

## 二、可能催生从事专利套利和投机的专利流氓

根据笔者对现有实证案例的统计，可以得出结论：在采纳合理许可费规则计算损害赔偿的专利权侵权案件中，法官均只给予权利人相当于一倍专利许可费的赔偿，而并未真正支持多倍许可费赔偿。随着专利司法保护力度的增强，如果法官切实将多倍许可费的最高限额落地，权利人的诉讼赔偿预期将大幅度提升。

然而，我国企业专利技术尚未在国内达到主导地位，专利技术的引进仍多于输出，且战略性新兴产业相关核心专利技术的引进更为困难。如芯片、高端原材料等专利技术方面，还存在国际技术领先企业利用其核心专利技术优势，采用限制竞争行为约束专利技术受让方的情况。[1] 而且跨国企业早年就已在我国进行了缜密的专利布局，使我国企业在高新技术领域专利布局中处于劣势，特别如光学领域、音像技术领域等，国外企业在华拥有的发明专利数量占绝对优势。在这一背景下，积极运用多倍许可费计算方式的预期将刺激更多的权利人积极维权，甚至可能改变权利人维权的策略与动机。

美国的一项调查指出，美国企业家曾反复提及柯达与宝利

---

[1]　国家知识产权局 .2019 年中国专利调查报告［R/OL］.［2021-02-15］. https://www.cnipa.gov.cn/module/download/down.jsp?i_ID=40213&colID=88.

来一案的天价专利赔偿对其专利战略的重塑和影响。❶ 其中伴随而生的专利流氓，又被称为专利主张非实施体，甚至形成了一种商业模式，通常指某些并不实施其专利，而是通过其专利所有权搜集许可费或基于侵权提起诉讼的非实施体（non-practicing entities，NPE）。❷ 专利流氓具有极强的规则运用能力、举证能力、专利实施能力和专利诉讼技巧，其可能通过许可交易人为设置偏离专利价值的畸高许可费，并以此作为损害赔偿计算依据提出诉讼，据此将引发讼累、劫持本应归属于发明人的经济回报，并将间接损害企业的累积创新、科技转移及专利商业化活动，极大地损害社会的创新活动，给社会创新生态造成巨大损失。

首先，专利流氓造成的讼累将不合理地增加使用专利的争议成本（dispute cost）。1998—2017 年，NPE 在诉讼中的胜诉率达到 62%，紧跟胜诉率 66% 的是专利实施体。更为突出的是，2013—2017 年，NPE 获得的专利赔偿的中位数（1480 万美元）超出一般实施体（420 万美元）的 3 倍。❸NPE 中专门以侵权诉

---

❶　ROSEMARIE H Z, BRONWYN H H. The Effects of Strengthening Patent Rights on Firms Engaged in Cumulative Innovation：Insights from the Semiconductor Industry［C］//Gary Libecap, ed. Vol. 13 of Advances in the Study of Entrepreneurship, Innovation, and Economic Growth, Entrepreneurial Inputs and Outcomes：New Studies of Entrepreneurship in the United States, Amsterdam：Elsevier Science, 2001：133-171.

❷　FORSBERG H. Diminishing the Attractiveness of Trolling：The Impacts of Recent Judicial Activity on Non-Practicing Entities［J］. Pittsburgh Journal of Technology Law and Policy, 2012（12）：158.

❸　PWC. 2018 Patent Litigation Study［EB/OL］.［2021-02-15］. https：//www.ipwatchdog.com/wp-content/uploads/2018/09/2018-pwc-patent-litigation-study.pdf.

讼为主要盈利模式的专利流氓对科技开发者及专利实施体而言，意味着不可避免的商业成本，减损了这些企业从科技投资、实施及商业化中获得回报的利润，进而实质性地降低了其研发动机。其次，对专利流氓的巨额赔偿无法反哺创新。专利流氓的行为目的在于通过诉讼等方式获得以"损害赔偿"为名义的商业利益，这一不当利益中相当的费用难以回流至创新活动中，这意味着真正的发明人无法获得与其专利经济价值相匹配的、对研发动机的经济激励。最后，专利流氓将间接损害社会的科技转移及专利商业化活动。专利侵权诉讼会间接地造成被告公司股票价值同期损失，股价的损失或许远超直接支付给专利流氓的损害赔偿金。巨额的股价损失必然导致对企业进行科技转移及专利商业化活动投入资源的挤占，对社会创新生态则意味着企业放弃科技转移及专利科技商业化可能带来的可观价值，并进一步导致消费者无法购买创新产品的价值损失，工人无法生产更具有生产力的产品而产生的工资损失等。此类局面将造成经济上的"无谓损失"（deadweight loss），并将极大损害社会的创新活动。

据此，由于跨国企业在我国所具备的专利布局，在多倍许可使用费大幅提升诉讼预期收益的情况下，对于"战略价值"较高的专利，诉讼预期收益加上排除竞争收益将远大于专利许可合作机制下的商业收益，这将呈现出一种"赢者通吃"的状态。[1]原始权利人最初可能仅出于防御目的集中专利组合，在产业成熟且

---

❶　PAIK Y, Zhu F.The Impact of Patent Wars on Firm Strategy：Evidence from the Global Smartphone Market［M］.Cambridge：Harvard Business School, 2013.

我国加大损害赔偿执法力度后，可能为了追求市场的支配地位，把盾转换成矛以排除竞争；而在规则运用能力、举证能力、专利实施能力和专利诉讼技巧方面，明显强于一般国内企业的专利流氓也极有可能利用这一制度获利。

### 三、可能导致法官自由心证的滥用

自由心证是指法官不受法律限制进行证据评价，且形成自己的主观认识的证据评价方式。在合理许可费规则的适用中，法官可能在专利价值评估以及损害赔偿判定数额上具有自由心证的空间。不可避免的是，专利价值评估与损害赔偿判定数额评估具有相当的专业性与复杂性，基于法官不能拒绝裁判，难免导致审理法官自由心证在合理许可费规则适用过程中受到滥用。具体而言，运用专利合理许可费倍数计算侵权损害赔偿金，必然需要对所涉专利的商业价值进行大致的评估，特别是在虚拟谈判法的运用下，对这一评估的质量需求尤甚。

发明专利基于其高速发展的科技特质决定了专利价值的评估是一个动态、复杂的过程，需要法官了解技术背景、行业动态、管理知识与经济分析能力。然而目前国内外尚未发展出一套公认且被广泛接受的专利价值评估标准，且国内专利评估机构普遍缺乏权威性，其专利估值往往偏离专利真正的商业价值，甚至沦为权利人进行专利套现的作弊工具。专利估值是评估融资额的重要指标，不少专利评估机构在估值时为迎合市场需要，存在估值虚高的现象。有业内人士称，曾有一款烤鸭炉的专利评估价值高达数亿元，明显超过其应有价值，"套现"目的明显。❶ 同时，由于专利侵权损害赔偿对讼争专利的潜在价值和许可具有"强烈的公示作用"❷，侵权赔偿水平对专利的商业价值也会产生重大影响，在专利融资过程中出现的专利价值评估的技术难度及滥用倾向同样可能向司法区域蔓延。而且，即使美国对专利许可使用费的评估已经建立了较为完善的"乔治亚－太平洋要素"评估体系，但仍然始终存在对该方式适用结果不一致、偏离专利实际价值的巨大争议。

可以预见，如果在我国广泛适用这一主要取决于法官专业素质和职业操守、具有极大心证弹性的方式，可能导致心证的滥用、选择性执法及判赔结果不一，甚至可能成为知识产权司法寻租的重灾区。更为重要的是，前文提到，现行立法对适用合理许可费规则的"涉案因素"方面仅作出基本规定，而缺乏明确详细的指引。若许可费要素未发挥出限制法官自由裁量空间的基石作用，会进一步提高法官在审理案件时混淆法定赔偿规则与合理许可费规则的可能。在二者相混淆的情况下，合理许可费规则所承担的精准填补损害任务将不当地移交给法定赔偿规则，这对权利人的权益保护并无益处。

---

❶ 毛振华. "专利大国" 遭遇 "专利之痛" [N]. 科技日报，2015-07-22（006）.

❷ NILSON S，AXEL. The Unpredictability of Patent Litigation Damage Awards：Causes and Comparative Notes [J]. Intellectual Property Brief，2012(3)：53.

# 第四节　我国适用合理许可费规则之收益

## 一、矫正法定赔偿规则绝对主导造成的"填平不足"

基于上文实证数据统计显示，法定赔偿规则虽处于绝对主导地位，但其法院支持诉请金额比率仅为 34.26%，而适用合理许可费规则的法院支持诉请金额比率将为法定赔偿规则的 2 倍。

假设发生在我国的发明专利侵权中，权利人因被侵权所受损失平均为人民币 100 万元（假设此金额可以精确计算及举证），国内有 28% 的权利人提出专利维权诉讼❶，同时必须考虑国内法官相对保守的法定赔偿水平造成的折价指数（体现法院支持诉请金额比率仅为 34.26%）。据此，权利人维权预期赔偿 = 因侵权所受损失 100 万元 × 权利人起诉概率 28% × 法定赔偿折价指数 34.26% = 9.5928 万元。总体上，预期赔偿仅仅是权利人实际损失微乎其微的部分。不仅如此，依据我国现有举证规则，权利人的举证成本与难度高居不下，我国专利争端法律服务市场又欠发

❶　根据国家知识产权局的数据，2018 年与 2019 年我国专利权人通过诉讼进行维权的占比分别为 27.1% 与 29%。国家知识产权局.2019 年中国专利调查报告［R/OL］.（2019-12-15）［2021-02-15］. https：//www.cnipa.gov.cn/module/download/down.jsp?i_ID=40213&colID=88. 国家知识产权局.2018 年中国专利调查报告［R/OL］.（2019-01-15）［2021-02-15］. https：//www.cnipa.gov.cn/module/download/down.jsp? i_ID=40215&colID=88.

达，导致我国专利诉讼成本并不低。以上诸多要素决定了我国专利侵权法定赔偿规则在"填平"方面的运行效果不尽如人意。而且，我国专利权利人提起维权诉讼的比例并不高，在专利权人维权措施方面，采取"自行协商"的权利人在 2019 年国家知识产权局统计报告中占据最大比重。[1] 即便权利人提起维权之诉，单论维权成本与收益之比，也往往是得不偿失的"赔本买卖"，因此，维权人的目的也不在于获得赔偿金，而在于驱逐竞争者。

在法经济学意义上，此类情形属于典型的履行差错比例低。"履行差错"是衡量一国知识产权实施保护效果的重要指标，指的是已经得到补偿的（专利侵权的）受害人在全部受害人中的比例。[2] 履行差错越低，意味着专利司法保护的实施效果越差。因此，履行差错低将造成以下局面：由于预期无法获得完全赔偿，相当部分权利人将选择放弃诉讼，相当于默许侵权人侵权，或者权利人因维权而受损。这种"越维权，越受损"的局面将极大地制约权利人对专利的价值实现，减损权利人进行研发投资及技术披露的动机，进而对我国科技创新活动的效率造成严重的负面影响。

然而，同期我国法官运用专利合理许可费规则支持的侵权损害赔偿的案件中，法院支持诉请金额比率为 71.85%，远超法定赔偿的保护水平；同时该计算方式能够突破法定赔偿 100 万元的

---

[1]　国家知识产权局 .2019 年中国专利调查报告［R/OL］.（2019-12-15）［2021-02-15］. https：//www.cnipa.gov.cn/module/download/down.jsp?i_ID=40213&colID=88.

[2]　罗伯特·考特，托马斯·尤伦 . 法和经济学［M］. 史晋川，董雪兵，等译 . 上海：格致出版社，2012：243.

上限，因此，积极运用合理许可费规则能够有效改善损害赔偿严重不足的现状，提升权利人对维权所获赔偿的预期，实质性加强专利权的保护水平，矫正履行差错造成的效率损失。

## 二、积极引导商事主体采取合乎效率的非侵权决策

理想的损害赔偿金能促使商事主体将侵权行为导致的外在损害内部化，这就给商事主体采取合乎效率标准的决策提供了动力。合理许可费规则将显著提升权利人的损害赔偿预期，间接提升权利人的维权动机，进而提升侵权人的侵权成本，减少其侵权预期收益，将引导侵权人采取合乎效率的非侵权决策。假设在时间 T，用户 U 有兴趣就某一特定发明专利 I 进行商业化，同时权利人 P 对该发明专利的许可持开放态度，且已与他人发生了真实的许可交易。因此 U 有三个选择：（1）与 P 进行许可谈判，通过支付许可费等方式合法使用专利；（2）基于该发明进行规避设计；（3）未经许可使用该发明并承担侵权风险。

在我国现行震慑明显不足的法定赔偿制度下，选项（1）与选项（2）的成本极有可能远高于选项（3）。因此，一方面，用户 U 具有极强的动机采取机会主义行为，绕过市场而通过承担低水平的法定赔偿金，未经权利人许可而使用发明，这将在实质层面产生"专利强制许可"的效果；另一方面，权利人无法获得合理的赔偿，将严重影响其进行研发及商业转化的积极性，低水平的法定赔偿将造成国内创新生态整体的低效率。据此，促进并保障我国的专利许可交易可对商事主体采取非侵权决策产生直接

的积极影响。

专利许可交易能否顺利进行取决于以下三个方面：司法执行的强度、权利的稳定性和信息披露的程度。❶适用合理许可费规则，其一，能够显著提升权利人对损害赔偿的预期，实质性增强专利权的保护水平，提升司法执行强度；其二，基于业已发生的专利许可交易，该规则对已获得真实交易的专利商业价值给予司法的再次确认与巩固，将增强权利的稳定性；其三，除涉及不公开审理的情况，规范意义上的合理许可费规则需要权利人对专利许可交易的真实性、专利许可估值相关信息进行举证，法官需要对专利许可费是否"明显不合理"进行评估，被告也有权就许可费的"不合理"提出反证。例如，举证行业平均利润率、许可率、被告自身的侵权所得或侵权行为利润率等，适用合理许可费规则的司法判决将有效地充实我国专利许可交易的实证数据，提升信息的透明度。因此，合理许可费规则在三大维度上均能实质性地推动专利许可交易。

可以预见，首先，合理许可费规则可以有效改善"不得不被适用"的法定赔偿规则导致低判赔率的弊端，降低司法救济引起的专利"强制许可"效果，从而引导并促进商事主体采取正当的市场化专利许可交易；其次，鉴于合理许可费规则基于真实的专利许可交易，其最接近商业环境下平等主体自愿谈判的结果，许可费基数的确定最符合经济效率；最后，"倍数"要件的裁量权

---

❶ 刘洋.专利制度的产权经济学解释及其政策取向［J］.知识产权，2009，19（3）：29-34.

目的在于使赔偿在最大限度上实现填平，确保其不因机会主义行为获利，引导使用人将侵权行为造成的损害内部化，转而选择许可或进行规避设计。如此，市场化的许可方式将在确保权利人利益的同时促进技术的流动转移，以及规避设计能够促进商事主体研发能力的提升。基于此，合理许可费规则所引起的市场积极效果更加符合专利法的立法目的，进而提升社会的整体收益。

### 三、间接促进我国许可服务市场的发展

专利实施许可可以直接实现专利的财产性价值，也可以间接通过专利实施许可所获得的专利推广效果实现权利人的专利财产性收益。❶但我国专利实施许可的现状并不尽如人意。根据 2019 年全国技术市场年度报告数据显示，2018 年我国专利实施许可合同共计仅 2615 件，同比 2017 年下降 37.38%，而 2018 年我国授予专利 2 335 411 件，相较于 2017 年增加了 614 583 件。我国专利许可率低下固然与我国专利质量较低、许可市场发展滞后、权利人拒绝许可的专利运用战略有关，但同时侵权损害赔偿制度也将影响权利人进行专利许可的决策。

基于下列利益相关人对适用合理许可费规则的预期反应及社会福利变动分析表（见表 2-3）可以看出，与低水平的法定赔偿相比，经过真实许可交易的专利能够通过合理许可费规则显著提升专利侵权赔偿预期，在一定程度上增强了专利权利人进行许可

---

❶　徐红菊.专利许可法律问题研究［M］.北京：法律出版社，2007：62.

并进一步商业化的动机；运用这一方法需要许可人提供必要的证据证明在先许可交易的真实性以及许可定价磋商的细节，增强了权利人优化、规范现有许可交易管理流程的动机；对于被许可人或潜在的侵权人来说，一旦该专利已经发生真实的许可交易，意味着将适用远高于法定赔偿保护水平的合理许可费规则，其损害赔偿预期将等于甚至大于合法进行许可交易的成本，潜在侵权人进行许可的动机也将大幅度提升，同时如果自身规避设计或独立研发的成本小于许可交易的成本，也将引导潜在侵权人进行独立研发；为了实现许可的利益最大化，许可人（权利人）和被许可人都将竭尽所能降低专利交易成本 ❶，催生减少许可市场信息不对称、增强专利流动性、为专利价值提供评估与咨询的各类专利许可中介机构，间接推动国内专利许可市场的发展。

---

❶　此处的交易成本，是科斯的狭义交易成本理论意义上的交易成本，指的是进行一项市场交易所需的努力成本。交易有三个步骤：第一，需要寻找交易合作者；第二，交易必须是在交易双方之间进行的；第三，交易完成后它还必须执行。所以交易成本包括：（1）搜索成本（search cost）；（2）谈判成本（bargaining cost）；（3）实施成本（enforcement cost）。COASE R H. The Problem of Social Cost [J]. The Journal of Law and Economics，1960（1）：15；COOTER R D，ULEN T. Law and Economics [M]. Upper Saddle River：Prentice Hall，2011：88-90.

**表2-3    利益相关人对适用合理许可费规则的预期反应及社会福利变动分析**

| 主体<br>赔偿规则 | 许可人<br>（专利权人） | 被许可人<br>（潜在侵权人） | 专利许可<br>中介机构 |
|---|---|---|---|
| 合理许可费规则 | 提升专利价值↑ | 增强获得专利许可动机↑ | 市场需求增加↑ |
| | 增强专利许可动机↑ | | |
| | 增强专利商业化动机↑ | 增强自身研发动机（若自身研发成本小于专利许可成本）↑ | |
| | 增强减少专利交易成本动机↑ | | |
| | 增强优化、规范现有许可交易管理流程动机↑ | 增强减少专利交易成本动机↑ | |

# 第五节    合理许可费规则成本收益分析的启示

专利侵权损害赔偿制度中的合理许可费规则，符合推动专利创新的基本条件。对该制度进行成本与收益的分析，能够表现出制度的可控程度与实施方式。根据上述实证分析可知，适用合理许可费规则在不同的时期下，具有不同的成本与收益的性质。因此，应根据不同的成本与收益的性质及二者的可控性，选择适合我国国情的具体实施方式。

短期内，对我国而言，适用合理许可费规则总成本大于总收益。我国推动合理许可费规则的司法适用，在短期内无法避免企业进行累积创新成本升高、"激励"专利流氓、法官自由心证不可控的弊端。而矫正法定赔偿规则所导致的填平不足问题，则依赖于市场环境与司法环境的改善。在此基础上进一步引导商事主体采取合规的专利商业决策，矫正市场环境，从而促进我国专利市场的健康发展。但市场的逐利性决定了商事主体会积极采取谋求利益的手段，特别是宏观层面的累积创新成本问题，对个体企业而言，并非其商事活动中所着重考虑的商业要素，而采取如专利证券化等专利套利方式，进行融资活动，更符合现实商业逻辑。与此同时，目前我国法院对合理许可费规则采取极其保守的态度，甚至在一定程度上通过法定赔偿规则架空了合理许可费规则。通过政策上要求法院积极采取合理许可费规则，势必造成法官自由裁量空间过大而使司法裁判结果难以预见。上述种种问题的存在，理应引起重视，否则，尚处于"科技超车"阶段的我国企业在专利创新活动中将面临更多不必要的现实阻碍。

从长期来看，合理许可费规则的司法适用，能够以具有可操作性的司法规则、既定的商业信息为裁判依据，逐步矫正法定赔偿规则的错位问题以及填平不足问题。此时，合理许可费规则的适用收益将逐步大于适用成本。通过合理许可费规则大量裁判的作出，能够对侵权人及潜在侵权人产生威慑作用，理由是合理许可费规则能够为权利人提供司法保障，而实际损失规则与侵权获利规则的证据获取难度较大的现实问题，难以为侵权人及潜在侵权人提供避风港。市场环境的改善自然会促进我国专利许可服务市场，并对上述短期内的规则适用成本问题产生反馈效应。

对此，制度完善的导向应明确为市场秩序的引导者，尽可能地减少司法对专利市场的干预与影响，防止机会主义对专利市场环境的侵蚀。对于合理许可费规则的司法适用，制度上应明确具体规则的适用，减少法官自由裁量的空间。以美国为代表的虚拟谈判法等符合市场现实情况，但依赖证据提供与法官判断的司法规则，在经济考察的基础上，并没有表现出适合我国的迹象。尽管严格适用会降低合理许可费规则的适用范围，但确为我国当下及未来专利创新发展所必需。同时，在制度调整过程中，应辅助以必要的经济调解方式，促进市场竞争与制度的良好运作。通过上述专利创新绩效概念的提出，能够为合理许可费倍数要件的司法适用提供经济依据，保证该要件的适用并不当然地违背填平原则。

概言之，本书在基于对合理许可费规则实施方式进行的相关法经济学分析，能够发现合理许可费规则在不同时期下可能会产生不同的收益情形。短期内激进地适用合理许可费规则，可能导致专利市场失灵问题，因此仍应以我国当前专利创新形势为主，逐步将成本影响降至最低，实现成本与收益的逆转，保证我国专利市场的自发运作。针对上述分析，可以得到如下启示：其一，确定合理许可费规则的适用标准与适用条件，以专利市场交易价值为依据，避免司法审判的不确定性；其二，完善证据要求，为权利人提供规则指引，激励权利人采取合理许可费规则维护自身权益，以期对我国专利创新起到积极作用。

# 小　　结

对于我国专利侵权司法实践，合理许可费规则能够有效矫正我国现行司法实践中专利侵权法定赔偿占绝对主导造成的严重"补偿不足"，引导侵权人采取合乎社会总体效率的非侵权决策，并间接推动我国许可服务市场的发展；对部分权利人投机利用该计算方式可能造成的"实施异化"成本的质疑，不可混同为对该计算方式的否定。然而，该计算方式最终能否在我国实现社会福利最优的实施效果，有赖于立法者基于对我国战略利益和本土累积创新语境的清醒认识。在先许可交易满足真实性审查时，应积极适用合理许可费计算方式。同时，构建确定"明显不合理"许可使用费的举证路径，并积极对已经合法商业化的专利给予倍数许可费的保护，最大限度地减少该制度的实施成本，实质性提升创新产品的转化率。

# 第三章　我国累积创新视域下专利侵权惩罚性赔偿制度法经济学分析

我国 2020 年修正的《专利法》引入了专利侵权惩罚性赔偿制度。惩罚性损害赔偿，指当被告以恶意、故意、欺诈或放任之方式实施加害行为而致原告受损时，原告可以获得除实际损害赔偿金之外的损害赔偿，其目的在于对被告施以惩罚，以阻止其重复实施恶意行为，并给他人提供警戒和保护公共和平。❶传统民法上，惩罚性赔偿制度是指民事主体侵犯他人权利，依法向被侵权人支付因侵权导致实际损失之外金额的赔偿制

---

❶ 张新宝，李倩. 惩罚性赔偿的立法选择［J］. 清华法学，2009（4）：6.

度。一般认为惩罚性赔偿制度是侵权损害填平原则的例外适用。对这一制度，我国最早在 1993 年《消费者权益保护法》当中首次确立。该制度最初起源于 18 世纪 60 年代英国胡克尔诉马尼（Huckle v. Money）一案❶，目前在美国和加拿大的专利侵权领域得到广泛运用，而大多数大陆法系国家尚未在专利侵权领域中正式引入这一制度。在制度功能上，惩罚性赔偿制度是通过设定更高的侵权成本，抑制侵权行为的发生。一般而言，惩罚性赔偿制度具有震慑功能、惩罚功能与补充功能。震慑功能主要体现在通过较高的侵权责任震慑已经受到惩罚与潜在侵权人不敢实施侵权行为；惩罚功能体现在通过使侵权人承担填平损害之外的侵权责任，以起到处罚的效果；补偿功能则是不言而喻的，惩罚性赔偿制度当然建立在补偿权利人损失的基础之上。

我国自引入惩罚性赔偿制度后，该制度逐渐受到社会公众肯定。多年来，其适用范围逐步增加，由欺诈消费者行为拓展至产品缺陷、食品安全、知识产权侵权等领域。同时，其在惩罚性赔偿的倍数要件上也逐步提升，从而提高了惩罚性赔偿的金额上限。随着司法的发展，惩罚性赔偿案件在我国逐渐增多。在专利法上，2012 年 8 月 9 日，我国国家知识产权局《中华人民共和国专利法修改草案（征求意见稿）》中首次在我国专利立法层面

---

❶ Huckle v. Money, 2 Wils. 205, 95 Eng. Rep. 768 ( C. P. 1763 ). 案系有记录的、最早判处惩罚性赔偿的案例，在该案中，原告 Huckle 被错误逮捕，随后以非法入侵住宅及错误拘禁起诉逮捕官员。原告实际遭受 20 英镑的损失，但陪审团最终判罚了 300 英镑。参见 BENTLEY M D W. Law, Economics, and Politics: The Untold History of the Due Process Limitation on Punitive Damages [ J ]. Roger Williams UL Rev, 2012 ( 17 ): 796.

明确提出惩罚性赔偿制度。现行《专利法》第71条规定，对故意侵犯专利权，情节严重的，可以在按照上述方法确定数额的一倍以上五倍以下确定赔偿数额。依据法理及《专利法》之规定，本书所指专利侵权惩罚性赔偿的定义为：为了震慑与惩罚故意侵犯专利权的行为，由法院作出的、大于根据补偿原则所确定的赔偿数额且小于该数额五倍的赔偿。引入惩罚性赔偿制度在我国引发了巨大的争议：赞同者认为引入惩罚性赔偿制度可以"有效地改变民事赔偿数额偏低的状况，替代民事制裁、弥补刑事惩罚的不足、挤压过于强势的行政责任"等❶；反对者的角度多集中于惩罚性赔偿制度的引入可能"阻止侵权损害救济之伦理回归、缩小补偿性赔偿之功能、僵化借鉴可能促成专利行政机关职能之递增并导致专利立法之可操作性的欠缺"❷。时下相关学说多基于定性研究，然而不可回避的问题是：在我国专利领域引入惩罚性赔偿制度会滋生何种社会成本？对属于累积创新模式的我国企业会产生何种影响？如果引入该制度利大于弊，将如何设定具体制度以符合社会最优原则的震慑和惩罚水平？如何在个案中确定合理的惩罚倍数？以及引入这一制度最关键之诘问：专利侵权惩罚性赔偿制度究竟是否适合转型期的中国？这些问题亟待解答，笔者尝试在理论主义之争框架外，为此轮论战引入法经济学的角度，通过实证分析为制度选择增添一份理性色彩。

---

❶ 和育东，石红艳，林声烨.知识产权侵权引入惩罚性赔偿之辩［J］.知识产权，2013（3）：54-59.

❷ 李晓秋.专利侵权惩罚性赔偿制度：引入抑或摒弃［J］.法商研究，2013，30（4）：136-144.

# 第一节　在我国专利领域引入惩罚性赔偿制度的潜在成本

关于在专利领域引入惩罚性赔偿制度的成本与效益比，不同的国家、不同的利益集团各执一词，至今未有定论。对在我国专利侵权赔偿领域引入惩罚性赔偿制度最强烈的质疑在于：该制度可能中短期内增加我国企业进行累积创新的创新成本。本书提及的累积创新指后续发明人使用由一项有效专利覆盖的在先发明以进行研发的情形。❶ 基于宏观角度，依据世界银行统计的各国知识产权许可费国际收支最新数据❷，2010—2014 年，我国始终处于典型的"知识产权净进口国"地位，且知识产权许可费逆差呈现不断扩大趋势；2014—2016 年，虽然我国仍处于"知识产权净进口国"地位，但知识产权许可费逆差逐渐稳定；2017—2020 年，我国由知识产权许可费收支逆差转变为顺差，且顺差呈现不断扩大趋势（见图 3–1）。

---

❶　SINAI O T. Cumulative Innovation in Patent Law：Making Sense of Incentives［J］. IDEA：The Intellectual Property Law Review，2010（4）：731.

❷　The World Bank.Charges for the Use of Intellectual Property［EB/OL］.［2021–02–15］. https：//data.worldbank.org/indicator/BX.GSR.ROYL.CD.

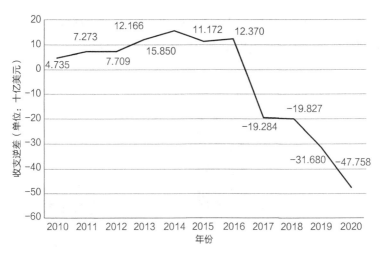

**图 3-1　2010—2020 年我国知识产权许可费国际收支逆差趋势**

基于微观角度，依据早年国家知识产权局关于我国有效专利的相关统计数据 ❶，我国企业拥有的发明专利与国外企业拥有的发明专利相比呈现"双低"特征：我国企业有效发明专利数占我国有效专利总数的比重较低，同时我国企业长年限有效发明专利维持率较低（见图 3-2）。不过，近年来我国专利发展速度较快，比如，我国国家知识产权局 2019 年进行的专利调查结果显示，通过转让方式获得专利的专利来源主要是我国国内，这一比例达到 97.6%，而来源于国外的专利仅占比 2.4%。其中，发明专利国内转让来源占比 97.4%，实用新型专利国内转让来源占比

❶　国家知识产权局 .2013 年我国有效专利年度报告（一）［R/OL］.［2015-08-05］.http：//www.sipo.gov.cn/ghfzs/zltjjb/201503/P020150325527033534175.pdf.

98.1%，外观设计专利国内来源占比 98.5%。**❶** 这一数据表明我国专利转让活动正呈现出以国内大循环为主的新态势。

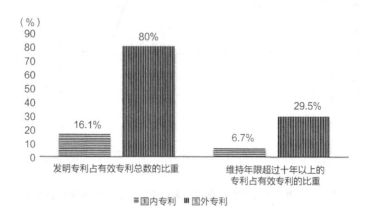

图 3-2　中外专利对比中国内专利呈现"双低"特征

　　宏观与微观的双重数据表明，早年，我国某些行业的领军企业已经初步具备创新能力，但大部分企业仍处于跟随与模仿阶段，因此我国处于企业主流的创新模式属于累积创新；同时在我国市场上具备较高商业价值的核心专利、基础专利多被国外企业掌握，累积创新严重依赖国外专利，因此引进和运用国外专利的能力和成本对于我国企业的累积创新至关重要。近年来，在国家战略的指引与市场环境优化的作用下，这一态势才逐渐发生转变。我国在专利发展方面逐步占据主动地位。对此需要警惕的是，应保持我国专利发展的良好态势，维护我国企业累积创新的

---

　　**❶**　国家知识产权局 .2020 年中国专利调查报告［R/OL］.［2021-02-15］. http://www.cnipa.gov.cn/module/download/downfile.jsp?classid=0&showname=2020年中国专利调查报告 .pdf&filename=b6bf2ef6f8b74b8bb0f954de18e4830e.pdf.

现实需要，不宜采取过于激进的政策。基于我国企业累积创新的现实语境，无论通过何种方式运用国外专利，可以说惩罚性赔偿对我国企业而言都意味着更高的创新成本。

## 一、过度震慑"边际合法行为"

惩罚性赔偿可能对我国企业的"边际合法行为"产生过度震慑。累积创新常见的路径为通过无效申请挑战可能站不住脚的专利和规避设计或窄化、优化现有专利，从而实现对现有技术的累积创新。[1] 由于专利范围的模糊性以及专利侵权标准的复杂性，这些可能推动累积创新的行为往往处于合法使用与侵权使用的灰色地带而被称为"边际合法行为"。[2] 正如库特教授指出："引发惩罚性赔偿的预期可能过分震慑那些原本可以规避设计的公司或本可以更加靠近专利边界（而不是越界）的企业。"[3]

惩罚性赔偿的预期可能导致从事累积创新的我国企业在防止专利侵权方面过分投入，而在"边际合法行为"方面投入不足：潜在的累积创新企业可能倾向于获得专利许可，支付不必要的许

[1]  BEKKERS R，WEST J. The Effect of Strategic Patenting on Cumulative Innovation In UMTS Standardization [ J ] . Dime Working Papers on Intellectual Property Rights，2006（9）：3.

[2]  THOMAS C F. An Economic Analysis of Enhanced Damages and Attorney's Fees for Willful Patent Infringement [ J ] . The Federal Circuit Bar Journals，2004（14）：291.

[3]  THOMAS C F. An Economic Analysis of Enhanced Damages and Attorney's Fees for Willful Patent Infringement [ J ] . The Federal Circuit Bar Journals，2004（14）：318.

可费而不是挑战那些可能站不住脚的专利；企业为了避免被判处惩罚性赔偿的风险，可能放弃研发与专利技术不同却处于侵权模糊地带的创新。不仅如此，如果从事边际合法行为的我国企业受到权利人的侵权起诉，即使法院最终判定权利人的诉请在实体上无法成立，由于专利侵权诉讼往往持续数年之久，而在诉讼期间的持续使用行为可能被视为"故意侵权"的证据，进而引发惩罚性赔偿，这一预期可能实质性地震慑诉讼持续期间的累积创新。据美国白宫的官方报告统计，遭到专利主张非实施体起诉的美国健康信息科技企业在被诉期间，停止了该领域科技的全部创新，被诉企业的销售额与未受到起诉的、销售类似产品的相同企业同期相比减少 1/3。❶

## 二、增加我国企业累积创新成本

惩罚性赔偿可能提高专利许可费的水平，直接增加我国企业的累积创新成本。在通过许可交易合法运用专利的情况下，更强的知识产权保护水平将减少许可人面临的来自被许可人的纵向竞争，同时将减少被许可人面临的横向竞争，因此将提高许可费水平。引入惩罚性赔偿实质性增强了我国专利权的保护水平，进而可能提高专利许可费。鉴于近期内，提升专利许可费水平最直接的受益人或许仍将多是国外专利权人，而我国企业进行累积创新

---

❶  Executive Office of the President. Patent Assertion and U.S. Innovation [EB/OL].[2015-06-17].http：//www.whitehouse.gov/sites/default/files/docs/patent_report.pdf.

的许可费成本将实质性增加，这将减少我国企业从事累积创新获得的利润预期，因此可能减少我国企业的累积创新。

## 三、限制专利市场的正当竞争

惩罚性赔偿的预期将影响权利人维权的策略和动机，可能助长排除竞争行为。在我国现有补偿性赔偿金制度下，保守而普遍适用的法定赔偿以及对制止侵权开支的不予支持立场❶，使权利人时常面临"赢了官司输了钱"的窘境，间接导致实际提出侵权之诉的权利人只占实际被侵权的人 10%。因此，国内权利人提出侵权之诉的动机往往不在于获得赔偿，而主要在于驱逐竞争者。❷

与此同时，跨国企业在我国已经提前做好了缜密的专利布局，我国企业在高新技术领域专利布局处于劣势。在部分领域，国外拥有的发明专利数量占绝对优势。例如，在光学领域中，国外拥有的发明专利数量达到国内的 2.1 倍，音像技术领域为 2 倍，运输领域为 1.9 倍，甚至在个别领域中，某一发达国家在我国的有效发明专利的数量就已超过国内所有专利数的总和，如在

---

❶　例如，笔者曾在 2013 年《厦门市知识产权保护现状及对策建议》调研过程中通过采访发现，即使在全国知识产权示范城市厦门，厦门市中级人民法院从未支持过专利侵权诉讼中胜诉原告的律师费。直至目前，制止侵权的合理开支受法院保护仍不普遍。

❷　英国富而德律师事务所（Freshfields）指出，在中国仅仅为了获得损害赔偿而进行诉讼往往得不偿失，更有价值的目标是获得最终禁令。参见 DERINGER F B. A Guide to Patent Litigation [EB/OL]. [2015-08-05]. http://www.freshfields.com/uploadedFiles/SiteWide/Knowledge/A%20Guide%20to%20Patent%20Litigation%20in%20the%20PRC.PDF.

光学领域，日本企业拥有有效发明专利数量达到了中国企业的1.4 倍。从维持 10 年以上的有效发明专利分布来看，几乎在所有领域，国外在华拥有量都是国内的数倍甚至十几倍。惩罚性赔偿的预期将使权利人不仅可以回到"侵权之前"，还可以对其提出侵权之诉的时间成本和诉讼成本获得赔偿，甚至可能在个案中获得比损失更多的赔偿，抑或说得到某种程度上的"诉讼收益"。

惩罚性赔偿的预期将刺激更多的权利人积极维权，甚至可能改变权利人维权的策略与动机。鉴于跨国企业在我国已经提前做好专利布局，惩罚性赔偿能够大幅提升诉讼预期收益，在某些细分市场，对于某些"战略价值"很高的专利，诉讼预期收益加上排除竞争的收益将远大于许可合作机制下的收益，呈现一种"赢者通吃"的状态。原始权利人最初可能仅出于防御目的集中专利组合，在产业发展成熟、我国建立惩罚性赔偿金制度后，原始权利人可能为了追求市场的支配地位，把盾转换成矛以排除竞争，这一局面将可能阻碍我国企业进行累积创新，不利于市场竞争并影响消费者福利。

## 四、催生从事专利套利和投机的专利流氓

惩罚性赔偿的预期可能刺激专利套利和投机，甚至催生专利流氓。近年来，专利流氓已成为一个日益严重的问题，因为它已成为一种有效和有利可图的商业模式。沃尔弗林集团（Wolverine World Wide）和 KB 玩具公司的前总法律顾问肯尼斯·葛兰帝（Kenneth Grady）解释说："我认为，当专利流氓被视为一种潜在的且极其有利可图的商业模式时，转折点就是条码专利诉讼的发

生。"条码专利诉讼是由诺曼·伍德兰（Norman Woodland）的遗产引起的一系列扩展和臭名昭著的诉讼。诺曼·伍德兰是曼哈顿项目科学家，早年提出条码技术专利申请。随着 19 世纪 70 年代价格合理的激光器的出现，条码技术在经济上变得可行。伍德兰取得了一些专利条码技术相关的专利。在 2005 年专利被宣布无效之前，相关的专利流氓诉讼案件产生了大约 10 亿美元的和解费用。在我国，专利流氓问题也时有发生，例如，2016 年，南京市中级人民法院所受理的无线未来科技公司诉索尼移动通信产品（中国）有限公司等侵害发明专利权纠纷一案中，原告无线未来科技公司即为加拿大专利流氓公司旗下的子公司。

通过惩罚性赔偿制度而从专利诉讼中"获利"的预期可能催生从事专利套利和投机的专利流氓，给社会创新生态造成巨大成本。随着专利诉讼数量及其相关成本的上升，低质量专利问题正在显现。专利流氓诉讼每年使被告在诉讼中遭受损失，进而对社会创新生态造成巨大的成本。

首先，专利流氓造成的讼累将不合理地增加使用专利的争议成本。在专利流氓的发源地美国，专利流氓提起的诉讼在 2006—2010 年每年平均造成 800 亿美元的损失，这些案件的被告均为在研发方面投入巨资的科技企业。一份分析报告指出，NPE 构成了 2012 年美国立案的专利诉讼的大多数原告 **❶**，而普华永道会计师事务所在其发布的《2013 专利诉讼研究》中指出，

---

❶　JERUSS S, FELDMAN R, EWING T. The AIA 500 Expanded: The Effects of Patent Monetization Entities［J］. UCLA J.L. & Tech., 2013（1）: 21-22.

2012 年只有 16% 的最终判决涉及 NPE；而在过去的 10 年里，NPE 获得的专利赔偿的中位数（8 885 947 美元）将近是一般实施体（5 354 968 美元）的两倍（2014）。❶ 以及 2013 年，美国总统办公室也发布了《专利主张与美国创新》报告，指出专利流氓诉讼案件逐步增加，2012 年计有 2500 余件诉讼，并占所有专利相关诉讼比重的 62%。更为重要的是，调查结果显示，2000—2010 年，公开进行专利交易的专利流氓通过诉讼收入了 76 亿美元，并因其不正当竞争行为，导致被告的市场价值直线下降。此类数据反映出 NPE 的几大特征：NPE 是造成讼累的重要原因，大部分 NPE 倾向于通过庭外程序解决争议，且 NPE 获得专利损害赔偿金的能力显著强于一般实施体。对于 NPE 中专门以侵权诉讼为主要盈利模式的专利流氓而言，此类特征就更为明显。同时，相当部分被告即使最终在实体法上并不构成侵权，与进行结果不确定且耗时耗财的法院诉讼相比，出于性价比的考虑，往往选择接受调解，支付不必要的许可费。专利流氓提起的诉讼或许可费要求对科技开发者及专利实施体而言意味着不可避免的商业成本，减损了这些企业从科技投资、实施及商业化中获得回报的利润，进而实质性地减少了其研发动机。

其次，对专利流氓的巨额赔偿无法反哺创新。据统计，在美国，被告和被许可人在 2011 年支付给专利流氓 290 亿美元的许可费，估计只有少于 2% 的费用回流至创新活动中，专利流氓从

---

❶ PWC. 2013 Patent Litigation Study［EB/OL］.［2015-08-06］. http：//www.pwc.com/en_US/us/forensic-services/publications/assets/2013-patent-litigation-study.pdf.

诉讼中获得的收益只有极小的一部分转移给了真正的发明人，这意味着被告企业所付出的专利使用成本（最终支付的专利赔偿金或许可费）大部分被专利流氓劫持，真正的发明人无法获得与其专利经济价值相匹配的、对研发动机的经济激励。这一资源分配结果无疑偏离了专利惩罚性损害赔偿制度的设置目的。不仅如此，专利流氓将间接损害社会的科技转移及专利商业化活动。例如，2000—2010 年，14 家在美国公开上市的专利流氓公司拥有总收入 76 亿美元的巨额赔偿，与这 14 家主体相关的专利诉讼却造成了被告公司股票价值同期 876 亿美元的损失，股价的损失远超直接支付给专利流氓的损害赔偿金，这意味着获胜专利流氓获得的经济回报只占被告企业损失收益的 10% 不到。

2013—2017 年，美国专利流氓案件数量有所下降，这主要归因于美国对专利后授予审查机制。例如，2011 年《美国莱希—史密斯美国发明法案》设置了高效且低成本的低质量专利证明方式。《美国莱希—史密斯美国发明法案》于 2011 年由时任美国总统奥巴马签署成为法律，并于 2013 年生效。这一法案的目的之一是调整大型企业与小型实体之间的利益平衡，因为专利申请对于企业而言是一项重大投资。目前，我国企业在海外已经频频遭遇专利流氓提起的诉讼，可以预见，一旦我国的惩罚性赔偿制度确立，在规则运用能力、举证能力、专利实施能力和专利诉讼技巧方面明显强于一般国内企业的外国专利流氓在国内也极有可能利用这一制度获利，从而引起后续不确定的竞争问题、创新问题等。因此，为防止专利流氓所从事的投机活动扰乱正常的市场竞争秩序，应尽快设立抑制措施。

# 第二节　在我国专利领域引入惩罚性赔偿制度的潜在收益

　　上述惩罚性赔偿制度的潜在成本正是国内理论与实务界对惩罚性赔偿制度矫枉过正的隐忧。这些观点一方面忽略了累积创新过程中使用人和专利权人的身份可能存在动态转换，另一方面没有充分估计惩罚性赔偿制度的社会效益。如澳洲学者瑞驰曼（Reichman）指出："如何使企业能在集合与后续创新中获得投资果实，而不损害后续创新以及不为准入制造壁垒已经成为千禧年时代知识产权法经济学领域最亟待解决的问题之一。"❶专利损害赔偿制度的每一次更迭，立法者都必须在回报现有创新主体与未来创新主体之间确定适当的平衡。因此，关于惩罚性赔偿制度的成本与效益比，不能简单地分析某一群体的得失，而应考虑该制度涉及的所有利益群体的潜在效益与成本。

## 一、矫正补偿性赔偿制度的"履行差错"

　　惩罚性赔偿制度最重要的效益在于该制度能够有效矫正现有

---

　　❶　REICHMAN J H. Of Green Tulips and Legal Kudzu: Repackaging Rights in Subpatentable Innovation［J］. Vand. L. Rev., 2000（53）: 1744-1745.

补偿性赔偿金制度下存在的"履行差错"给侵权受害人造成的效率损失。"履行差错"是衡量一国知识产权实施保护效果的重要指标，指的是已经得到补偿的（专利被侵权的）受害人在全部受害人中的比例。依据相关学者研究的实证数据，国内只有10%的权利人提出专利维权诉讼，又因为诉讼结果"高度不确定"，最终得到补偿的受害人在全部受害人中的比例可能低于10%，因此，我国实际的履行差错比例可能低于10%。履行差错越低，意味着专利司法保护的实施效果越差。我国现有专利侵权责任体系采用的是补偿性赔偿金制度，该制度意图通过赔偿使受害人恢复到未受到侵权以前的效用水平，意在"使受害人完好无损"。然而依据我国现有的举证规则，权利人的举证成本与难度居高不下，我国专利争端法律服务市场又欠发达，导致我国专利诉讼的成本并不低。同时，虽然我国现行专利法规定，赔偿数额应当包括权利人为制止侵权行为所支付的合理开支，但依据笔者的调研，我国法院对于该部分费用多采取保守态度，如依据2013年《厦门市知识产权保护现状及对策建议》调研，厦门作为我国知识产权示范城市，其专利案件管辖法院——厦门市中级人民法院极少支持过专利侵权诉讼中胜诉原告的律师费。以上诸多要素决定了我国专利侵权责任体系在"使受害人完好无损"方面的运行效果不尽如人意，进而导致即使专利侵权情况普遍存在，权利人提起维权诉讼的比例并不高；即便提起维权之诉，单论维权成本与收益之比，往往是得不偿失的"赔本买卖"，因此维权人的目的也不在于获得赔偿金，而在于驱逐竞争者。在法经济学意义上，此类情形属于典型的履行差错比例低。假设我国专利侵权的平均履行差错为 10%，侵权人给权利人造成的实际损失平均为人民币 100 万元（假设实际损失可以精确计算及举证），并且胜诉的原告只能得到补偿性赔偿金，则权利人的平均预期赔偿将只有 10 万元。更糟的是，如果案件涉及技术鉴定，扣除技术鉴定费用平均为 8 万～9 万元 / 起案件，再扣除最基本的律师费用，权利人提起诉讼绝无可能实现"使受害人完好无损"的局面。因此，履行差错低将造成以下局面：由于预期无法获得完全赔偿，相当部分权利人将选择放弃诉讼，相当于默许侵权人侵权，或者权利人因维权而受损。这种"越维权，越受损"的局面将极大地制约权利人对专利的价值实现，减损权利人进行研发投资及技术披露的动机，进而对我国科技创新活动的效率造成严重的负面影响。引入惩罚性赔偿金可以矫正履行差错造成的效率损失。五倍惩罚性赔偿金制度相当于引入了一个"惩罚性乘数"，在理想的状态下，惩罚性乘数应等于履行差错的倒数。延续之前的例子，如果法院基于惩罚性乘数令赔偿金提高至五倍，侵权人的预期责任将上升到 50 万元，虽然无法使权利人恢复到"完好无损"的水平，但至少在相当程度上矫正了 10% 的履行差错造成的效率损失。

## 二、对故意侵权人产生必要震慑

惩罚性赔偿制度有助于实现对故意侵权人的必要震慑。损害赔偿意义上的震慑指不得不支付损害赔偿的预期将对未来类似情况的当事人行为产生的影响。依据惩罚性赔偿的经典经济分析理论，当被告可能从其所造成的损害中逃脱责任时，损害赔偿的适当数量即实现适当震慑的损害赔偿幅度，应是被告已经造成的损害乘以反映其逃脱责任概率的乘数。

我国立法虽已确立了四种确定补偿性赔偿金的计算方式，但由于种种原因，目前全国绝大多数专利判决采取法定赔偿；虽然现有法定赔偿的判罚范围为 3 万 ~ 500 万元，全国的法定赔偿平均值仅为 8 万元，实际获赔额与起诉人索赔额的比例仅为三分之一甚至更低，即使是包含了其他赔偿金计算方式的赔偿平均值也只有 15 万元。假设我国专利侵权案件中，侵权人给权利人造成的实际损失平均为人民币 100 万元（假设实际损失可以精确计算及举证），如前所述，我国专利侵权的履行差错为 10%（这意味着侵权人逃脱赔偿责任的概率可能等于或大于 90%），同时必须考虑国内法官高达 97.25% 的法定赔偿原则适用比率，以及相对保守的法定赔偿水平造成的折价指数（体现在实际获赔额与起诉人索赔额的比例仅为三分之一甚至更低），相当于在履行差错的基础上再次打折，平均下来，侵权人预期赔偿＝侵权造成损失 × 履行差错 10%× 法定赔偿折价指数 33% ≈ 3.3 万元，预期赔偿仅仅是其侵权所获利益微乎其微的部分。只要侵权人自主研发 / 获取许可 / 转而利用次优的、不侵权的技术的成本大于预期赔偿，侵权人就不会有足够的动机放弃侵权，因为放弃侵权的成本将远超平均侵权赔偿预期。不仅如此，因为侵权人只需为 100 万元的损害平均支付 3.3 万元的赔偿，且侵权人无须承担分毫研发成本，侵权人即使将反映预期赔偿的这一小部分成本体现在价格上，其价格仍极具优势，会吸引消费者购买更多的侵权产品，这一恶性循环导致侵权人放弃侵权的动机不足，而未来再次侵权的动机过多，因此重复侵权、群体侵权、恶意侵权屡禁不止。为了弥补震慑不足的问题，损害赔偿应增加到这样的程度：应使侵权人将其造成的损害内部化，震慑潜在的侵权并引导其采取总体社会收益更高的决策，具体而言，侵权人的损害赔偿应考虑法定赔偿的折价指数以及履行差错，使侵权赔偿等同于造成的实际损害。引入惩罚性赔偿五倍乘数，将提高被告为其已经造成的损害支付的赔偿平均数并一定程度上接近实现社会理想的预防和参与风险活动的水平，有助于实现对故意侵权人潜在侵权行为的有效震慑。

## 第三节　在我国专利领域适用惩罚性赔偿制度的成本收益分析

关于法律制度应主要追求经济效率还是自然法衍生出的正义，这是围绕法律经济学永不停歇的争议。由于本书的分析方法基于经济学，因此笔者主张法律制度应追求社会经济效率。专利法立法目的已经明确，专利制度最重要的目的应基于功利角度，即为了保护专利权人合法权益、鼓励发明创造、推动发明创造的运用、提高创新能力以及促进科学技术进步和经济社会发展。基于这一点，为了评估在我国专利领域引入惩罚性赔偿制度是否符合卡尔多－希克斯效率，需要对惩罚性赔偿涉及的所有主体的收益成本进行分析，研究各个主体会如何理性地对惩罚性赔偿的法律激励/法律引导作出反应，以及他们的反应是否会提升或降低社会福利，以此预测惩罚性赔偿的实际运行效果。如果惩罚性赔偿所涉及的主体对惩罚性赔偿引入的反应符合专利法的功利目的，则可以认定该制度将提升社会总体福利，符合效率原则。

如前所述，随着新兴专利运用商业模式的发展，加上专利界限的不确定性，惩罚性赔偿涉及的主体呈现出复杂的身份杂糅，权利人既涵盖传统意义上的研发实施主体，也可能包含专门通过诉讼获得巨额损害赔偿及搜集许可费为盈利模式的专利流氓；使用人群体既包括通过许可合法使用专利的被许可人，亦涵盖"故意侵权人"，同时覆盖了处于侵权与合法边界的、从事"边际合法行为"的"非故意侵权人"，因此在分析惩罚性赔偿涉及主体的成本收益时，应格外注意区分不同的主体对社会福利可能带来的影响，也应防止将某些主体滥用惩罚性赔偿制度的社会成本与惩罚性赔偿制度本身的负面影响相混淆。

## 一、进行原始创新和实施的专利权利人的收益成本分析

该部分权利人特指那些进行原始创新活动，从事自主研发，自行实施和/或许可他人使用其专利，并且不以专利诉讼作为主要盈利模式的专利权人。毫无疑问，这一群体是规范意义上的"专利权人"，是最重要的专利法保护适用对象，对其赋予保护最符合专利法的立法目的。对这一群体而言，对创新的投入往往伴随着许多不确定性，例如，进行研究时产生的人力、物资成本；研究可能失败的风险；研究成功后商业开发的风险；商业开发成

功后被侵权的风险等。在本书讨论的背景下，假设研究是成功的，从后续商业开发（commercial development）所获得的预期收益直接决定专利权人投资于创造发明的动机。在此假设商业开发成功时的利润是可知的，商业开发成功的概率是 P，失败的概率是 1–P，C 是创新的成本，π 是商业开发成功时的利润。对于潜在的创新者来说，它可能面临两种结果：（1）商业开发成功，因此获得了利润 π；（2）商业开发失败，因此未获利。不论是否成功，创新者都需要承担创新的成本 C。因此，潜在的创新人预期的创新收益 R 则是：R=Pπ+（1–P）（0）–C。又因为（1–P）（0）= 0，因此预期创新收益即为：R=Pπ–C。在商业开发成功后，创新人可能面临来自专利被侵权造成的损失 I，这部分损失能够由法院作出的侵权损害赔偿 D 进行一定程度的弥补。因此，潜在创新人的最终预期创新收益为：R=Pπ–C–I+D。

假设商业开发的成功概率、商业开发成功时的利润、创新成本及专利被侵权给创新人造成的损失不变，惩罚性赔偿最高能够使侵权损害赔偿提升至五倍，则创新人进行诉讼的潜在收益将增加，专利权的保护力度增加，排他性增强、在许可谈判中的影响力增加、创新的预期收益相应增加，进而投资发明创造、进行原始创新以及推动发明创造运用的动机也会显著增加。因此就进行原始创新的这一部分专利权人而言，惩罚性赔偿的引入会带来社会福利的提升。需要指出的是，如果这部分权利人利用惩罚性赔偿进行掠夺性的反竞争行为，应从反垄断法框架内寻找规制的法律依据，生硬地排除惩罚性赔偿的适用于法无据且无法实现对原始创新人的研发动机保护。

专利侵权在经济学上属于典型的非自愿产权转移。❶虽然故意侵权人可以通过侵权提升自身收益，但这种收益是以损害权利人为基础的，给权利人或社会带来了外部成本和负效益，从而给社会整体带来效率和财富的损失，不符合效率原则。因此，故意侵权人通过侵权获得的收益不可计入社会总收益／总福利中。

依据惩罚性赔偿的传统理论，震慑和惩罚是该制度的两大目的。对于故意侵权人，通过专利侵权损害赔偿实现震慑是最重要的且对社会整体福利有益的制度目标之一。假设某人侵犯他人专利权而获得的利润为 $\pi_i$，侵权被发现且赔偿的概率为 $P_i$，$P_i$ 大致等于履行差错❷，如前所述，中国的履行差错约等于 10%，因此侵权未被发现／侵权被发现权利人未起诉／权利人起诉却未被认定侵权／被认定侵权却最终没有判罚赔偿的概率为 $1-P_i=90\%$。在 $P_i$ 的概率下侵权的回报存在不确定性，因此侵权人可能面临两种结果：其一，侵权被发现且支付赔偿，此时侵权人需要承担侵权损害赔偿 D；其二，侵权未被发现／侵权被发现权利人未起诉／权利人起诉却未被认定侵权／被认定侵权却最终没有判罚赔偿。因此，潜在的侵权人预期的侵权回报为：$R_i=\pi\,(1-P_i)+(\pi_i-D)\,P_i=\pi_i-DP_i$。为了有效震慑侵权，侵权损害赔偿原则必

---

❶　The American Law Institute. Intellectual Property: Principles Governing Jurisdiction, Choice of Law, and Judgments in Transnational Disputes［M］// BARIATTI S. Litigating Intellectual Property Rights Disputes Cross-border: EU Regulations, ALI principles. CLIP Project, 2010:276.
❷　鉴于每一起侵权事件中，有受害人就必然有相对应的侵权人，且履行差错是已经得到补偿的（专利侵权的）受害人在全部受害人中的比例，因此最终被判处赔偿的侵权人在全部侵权人中的比例约等于受害人获得赔偿的比例，即大致等于履行差错。

须使侵权无利可图，即应满足如下条件：$R_i = \pi_i - DP_i \leq 0$。将该公式进行变化，在侵权获利 $\pi_i$ 不变，履行差错 $P_i$ 约为 10% 的前提下，有效震慑侵权的赔偿 D 应满足以下条件：$D \geq \pi_i/P_i$，即 $D \geq 10P_i$。

然而，无论是依据我国现有专利法补偿性赔偿原则中的侵权所得利润计算方式，还是综览我国司法实务中专利侵权赔偿的实际判罚水平，我国的补偿性赔偿离规范意义上的有效震慑（$D \geq 10\pi_i$）相距甚远，即使依据立法中的五倍惩罚性赔偿的上限（$D=5\pi_i$）进行判罚，仍然无法实现完全的震慑。但与补偿性赔偿相比，在 $\pi_i$ 和 $P_i$ 不变的情况下，惩罚性赔偿使 D 增加到 5D，并且可能间接提升 $P_i$❶减少了侵权预期回报，从而加大了震慑力度。通过以上分析可知，通过引入惩罚性赔偿，侵权人的侵权成本增加，侵权收益下降，即使无法实现完全震慑，理性的侵权人由于加大的震慑仍将减少未来的故意侵权行为，能够有效矫正现有"填平原则"下的严重震慑不足，社会的整体福利得以提升。

## 二、从事边际合法行为的"无辜侵权人"的收益成本分析

如前所述，在我国引入惩罚性赔偿制度的一大成本在于惩罚

---

　　❶　潜在损害赔偿的增加可能激励权利人更加积极地打击侵权，进而提升侵权被发现且赔偿的概率 $P_i$。

性赔偿可能会对边际合法行为震慑过度，进而推高我国企业累积创新的成本。然而，该观点一方面忽略了惩罚性赔偿的适用对象为"故意侵权人"，混淆了"故意侵权行为"与"边际合法行为"两个不同的概念；另一方面规范意义上的惩罚性赔偿制度设计不会也不应抑制边际合法行为。因此，该观点可能不恰当地评估惩罚性赔偿对边际合法行为人可能引发的成本。

讨论惩罚性赔偿对边际合法行为人的影响的前提是厘清"边际合法行为"与"故意侵权行为"的区别。边际合法行为意指那些"更加靠近专利边际而非越界的行为，例如规避设计"。[1] 在商业实践中，边际合法行为往往体现为那些未取得合法许可的主体通过规避设计、挑战专利有效性及窄化改进现有技术的途径使用专利进行累积创新的行为。[2] 主观方面表现为从事与原始创新不同的改进意愿，客观方面表现为实施规避设计、挑战专利有效性或窄化改进现有技术等改进行为。由于专利界限的模糊性以及专利侵权认定的不确定性，边际合法行为可能因为靠近专利边界而存在专利侵权的可能性，然而，与非效率的故意侵权不同，边际合法行为能够优化现有技术，推动技术的运用，在一定程度上得以促进社会总体福利，因此边际合法行为在主观方面、客观方面及经济效率方面均不等同于故意侵权。

在厘清二者区别的基础上，应明确无论是依据惩罚性赔偿功

---

[1]　COTTER T F. Economic Analysis of Enhanced Damages and Attorney's Fees for Willful Patent Infringement [J]. Fed. Cir. BJ, 2004（14）: 318.

[2]　RUDI B, JOEL W. The Effect of Strategic Patenting on Cumulative Innovation in UMTS Standardization [C] //Dime Working Papers on Intellectual Property Rights，2006（9）: 22.

利角度的立法原意，还是基于法律移植过程中适应本国发展需要的理性与主观能动性，规范意义上的惩罚性赔偿都不会也不应对边际合法行为造成负面影响。

首先，惩罚性赔偿最初的立法原意仅在于惩罚"足够坏"的行为，即只有在被告的行为属于恶意、苛刻、极端恶劣、故意以及极度放任或构成欺诈时才适用惩罚性赔偿。❶ 在专利法体系中，惩罚性赔偿是专门针对"故意侵权人"设置的一种更为严格的惩罚，不应适用于属于"无辜侵权人"（innocent infringer）的边际合法行为人。❷ 虽然构成专利侵权与行为人的主观心态无涉，引发专利侵权惩罚性赔偿却需要评估行为人的主观心态。即使在惩罚性赔偿适用最为频繁的美国，美国法院也对专利侵权案中惩罚性赔偿的适用采取了极严格的两步检测标准：为了证明故意侵权，专利权人必须通过清晰且令人信服的证据证明侵权人不顾其行为具有对某一有效专利构成侵权的高度客观可能性而仍为之；如果满足这一客观标准的门槛，专利权人还必须证明被诉侵权人已知或应知这一客观风险。只有满足这两步检测标准的专利侵权才可以被判处惩罚性赔偿。❸ 如上所述，由于边际合法行为在主观方面、客观方面及经济效率方面均不等同于故意侵权，边际合法行为不属于惩罚性赔偿的适用对象。

---

❶　COOTER R D. Punitive Damages，Social Norms and Economic Analysis［J］. Law and Contemporary Problems，1997（2）：75.

❷　无辜侵权人指不知其行为构成侵权而从事侵权行为的主体。参见 MCKEON M J. Patent Marking，Notice Statute，A Question of Fact or Act［J］. Harv. JL & Tech.，1996（9）：437.

❸　Seagate Tech.，LLC，497 F.3d 1360（Fed Cir. 2007）（en banc）.

其次，由于本书的分析方法基于经济学，笔者主张专利法最重要的目的应基于功利角度，包括保护专利权人合法权益、鼓励发明创造、推动发明创造的运用、提高创新能力以及促进科学技术进步和经济社会发展。因此法经济学视野下的惩罚性赔偿只有在以下情况下才是有必要且恰当的：其一，符合专利法鼓励发明、运用和创新的目的；其二，不会抑制"边际合法行为"等能够推动我国累积创新的行为。实现社会福利最优的惩罚性赔偿制度设计应严格区分从事边际合法行为的累积创新主体与故意侵权人，对故意侵权人实现有效震慑，而将边际合法行为人从惩罚性赔偿的适用范围中排除（关于如何实现这一效果，将在本书制度构建部分详细阐述）。因此引入规范意义上的惩罚性赔偿制度将引导故意侵权人从事边际合法行为，默许、保护甚至鼓励边际合法行为，不会对我国的累积创新产生负面影响。

## 三、专利所有权人中的专利流氓的收益成本分析

在我国引入惩罚性赔偿的反对声浪之一在于该制度可能助长专利流氓的机会主义行为，通过惩罚性赔偿和禁令威胁合法攻击那些已经投入大量沉没成本进行研发和推广的主体，使我国企业接受远超专利本身价值的高昂许可费，拉升产品成本，或迫使我国企业承担巨额诉讼成本及赔偿，加剧专利丛林，影响自由竞争，进而抑制创新。然而基于以下理由，笔者倾向于认为上述观点高估了专利流氓在我国利用惩罚性赔偿可能造成的社会成本。

首先，惩罚性赔偿制度仅是专利流氓模式运作的必要非充分

条件，在我国引入惩罚性赔偿并不足以导致专利流氓的横行。在美国，专利流氓之所以难以抑制，取决于若干根植于美国司法体系而在我国并不存在的独特制度要素。正如美国联邦最高法院肯尼迪法官指出："禁令，以及由侵权引发的、潜在的严厉惩罚将被专利流氓用以作为议价工具，以向那些意图通过购买许可而实施专利的企业索取过度的费用。"[1] 永久性禁令与惩罚性赔偿是专利流氓在谈判中获得超额赔偿的两大利器。关于永久性禁令，美国的专利侵权审判在具有分水岭意义的易趣诉莫克交换案（Ebay v. Merc Exchange）之前，一旦法院确认专利侵权成立，除非有不予发出的充分理由，永久性禁令在原则上是"自动核发"。[2] 由于美国长期以来的亲专利政策（pro-patentpolicy）导向以及完备的禁令执行制度，一旦法院颁布永久性禁令，能够永久性阻却被告使用专利技术及销售侵权产品。因此在美国，禁令对一家企业尤其是一家发展中的、尚不具有多元化产品系列的科技企业而言不啻被判处死刑，因为此类企业无法承受禁令的风险，专利流氓经常针对此类企业获得快钱。我国专利法未明文规定"永久性禁令"制度，仅存在类似的"停止侵权"或"停止侵权行为"的救济类型。在司法实践中，几乎所有原告的诉求中均包含停止侵权

---

[1]　Ebay Inc. v. Merc Exhange, L.L.C., 547 U.S. 388（2006）.

[2]　Richardson v. Susuki Motor Co. Ltd, 868 F.2d 1226, 1246–47, 9 U.S.P.Q 2D 1913（Fed. Cir. 1989）.

的要求，一般也能够得到法院的支持。❶ 虽然停止侵权是我国专利侵权案件中适用最为广泛的民事责任，但是此类救济的强制力和威慑力与美国相距甚远。

其次，停止侵权的适用缺乏具体执行内容，过于简单空泛。我国的法院判决文书涉及停止侵权的描述往往只有简单的一句话，即被告立即停止侵犯原告某某专利权的行为。至于如何停止，何时停止，由谁来执行与监督停止，如果不停止将承担何种法律后果均不涉及，导致当事人申请执行时无所适从，常会发生执行困难。对于专利侵权中常见的被告从事侵权活动使用的机器设备及原材料，以及侵权被制止时已生产的侵权产品与半成品，本应属于停止侵权应涵盖的范围而进行相应处理。然而在司法实践中，有法官认为："销毁有关机器设备属于被告人承担消除危险的民事责任，销毁侵权产品属于排除妨碍的民事责任，这两者是独立的民事责任，停止侵权无法包含。"上述现象限制了停止侵权的效力范围，削弱了这一救济形式的保护力度。

再其次，法院对违反停止侵权判决的被告缺乏必要的惩罚手段。由于我国并不存在民事藐视法庭制度，民众的法律意识普遍较为薄弱，我国停止专利侵权的判决与其他一般的民事判决类似，执行情况并不理想。然而法院对于这一状况缺乏必要的惩罚手段，如果被告在被判令停止侵权后继续侵权或停止一段时间后

---

❶　如在上海市高级人民法院、江苏省高级人民法院和山东省高级人民法院就停止侵害这一救济方式的适用进行的调研中指出，停止侵害应以侵害行为的违法性和侵害行为正在进行或仍在延续中为适用条件，符合上述条件者原则上应判令停止侵害。朱理，邰中林.知识产权侵权责任若干问题——知识产权侵权责任调研课题成果论证会综述［N］.人民法院报，2008-09-25（5）.

继续侵权的，原告只能依据民事诉讼法请求法院责令被告停止侵权；如果超过强制执行期限的，原告只能再行起诉。虽然被告拒不执行判决可能构成拒不执行已生效法院判决的刑事犯罪，但实践中很少有被告因此获罪。

由此，虽然停止侵权在我国普遍适用，但由于欠缺配套制度及实施不力，这一救济方式缺乏应有的强制力与威慑力。这一方面对于专利权人实属不利，另一方面也使专利流氓无法基于停止侵权漫天要价。此外，专利流氓还是美国亲专利政策导向下的怪胎，惩罚性赔偿必须和强烈的亲专利保护政策结合才可能使专利诉讼有利可图。我国最近的案例法及司法动态体现出对专利钳制及专利流氓的警惕，部分接受了易趣案对禁令的谨慎态度。❶ 因此，基于禁令在我国的实施效力以及司法趋势，都决定了禁令在我国被专利流氓滥用的概率甚微。据此可以预见，在短期及中期之内，我国的专利侵权损害赔偿水平将从严重的"填不平"缓慢趋向"填平"，将经历一个渐进的矫正过程，而非矫枉过正。以上种种因素决定了仅引入惩罚性赔偿制度并不足以导致专利流氓的横行。

最后，作为新兴的商业模式，专利流氓对社会总体福利的影响尚不清晰。即使在专利流氓最为活跃的美国，专利流氓通过专

---

❶ 如在备受关注的华为公司与交互数字滥用市场支配地位纠纷〔（2013）粤高法民三终字第 306 号〕一案中，广东省高级人民法院将在许可谈判期间，专利权人交互数字在美国提起的必要专利禁令之诉定性为"逼迫华为公司（被许可人）接受过高专利许可交易之手段的行为"，并最终认定该行为属于滥用市场支配地位的行为；且权利人本身"仅以专利授权许可作为其经营模式，本身不进行任何实质性生产"是法院认定其最终在相关市场具有市场支配地位的考虑要素。

利许可协议或诉讼作为主要盈利途径的商业模式也备受争议。第一，专利流氓针对可能的专利侵权行为提出诉讼的做法并不违法，法官也难以区分原告是否属于专利流氓，以及此类诉讼真正的目的是否符合专利法目的。第二，哪怕是专利流氓，都存在"鲇鱼效应"这样的积极作用。基于经济学的角度，专利流氓可以充分利用其比较优势实现科技转移，进而增加初创企业流动性及证券化的能力。对于那些没有太多资本进行研发的个人或小企业发明人而言，将创意进行专利或许可的能力为小企业带来了资本，使其能继续运行，在某种意义上，专利流氓为独立发明人或小企业提供了资本与谈判能力，间接创造了更为有效的专利市场。不论专利流氓是否直接参与研发或生产，不可否认的是，这一群体能够更好地利用有限的资源并专注于专业分工和比较优势，减小专利市场供求双方的信息不对称，使专利更具有流动性并起到市场出清（market-clearing）的功能，就社会整体而言，仍可能从创新中获利。事实上，"专利流氓"这一名称本身就存在巨大争议，因为许多企业将这一商业模式作为一种制造衍生商品的方式，为那些缺乏资金的初创企业提供更好的机会与流动性。在这一思路下，所谓的进行许可的专利流氓，其硬币的反面正是"专利经纪人"。

综上所述，惩罚性赔偿制度仅是专利流氓运作理论上的必要非充分条件，由于我国与美国法律运行机制的环境、发展阶段、司法政策取向迥异，国内目前缺乏专利流氓生长的制度土壤，专利流氓在我国横行的可能性也极小；同时其成本和收益本身亦存在巨大争议，无法轻易地认定其究竟是福是祸，需要进一步评估；不仅如此，还可以通过一系列国内已有的法律机制及引进相应的反制机制对专利流氓进行约束（在本书制度构建部分进一步阐述），最大限度地减小其负面作用，因此专利流氓对社会总体福利的负面成本几乎可以忽略不计。

## 四、通过许可合法使用专利的被许可人的收益成本分析

已有研究证明，更强的知识产权保护水平将导致规避发明和模仿更加困难及昂贵，减少第三人的侵权，进而减小许可人面临的来自被许可人的纵向竞争，同时减小被许可人面临的横向竞争，因此将提高许可费水平。惩罚性赔偿最高能使侵权损害赔偿提升至五倍，实质性地提升了专利权的保护水平，因此惩罚性赔偿的引入可能会提升许可费水平。但被许可人并不是单纯的技术使用者，其受让了权利人的专利使用权，也成为专利权的利害关系人；不仅如此，在累积创新的背景下，被许可人获得许可，相当部分是为了基于许可技术进行累积创新。因此，许可费并非影响被许可人从事许可行为动机的唯一要素，许可技术商业化的风险、许可技术商业化成功的预期利润以及成功后被侵权的风险、被许可人基于许可进行累积创新可能获得的收益等因素都会影响被许可人的决策。以下将分成被许可人仅就许可技术直接进行商业开发以及被许可人基于许可技术进行累积创新的两种情况进行讨论。

## （一）被许可人仅就许可技术直接进行商业开发的情况

在本书讨论的背景下，从许可技术商业开发中获得的预期收益将决定被许可人从事许可的动机。前已提及，潜在的被许可人预期的许可收益 R 是 $R=P_1\pi_1-R_1$。引入惩罚性赔偿后，首先，许可费 $R_1$ 将提升。其次，由于惩罚性赔偿实质性提升了预期损害赔偿额并可能间接提升侵权被发现并赔偿的概率，惩罚性赔偿将引导潜在的侵权人更多地选择事先许可、自主研发、规避设计或使用替代性技术等合法的手段，减少了源自第三人侵权无成本的恶性横向竞争，因此将提升被许可人对许可技术商业开发成功的预期利润 $\pi_1$。最后，惩罚性赔偿对许可技术商业开发成功的概率 $P_1$ 无影响。依据这一分析，惩罚性赔偿的引入在提升许可费的同时，也增加了许可技术商业开发成功的预期利润，虽然无法具体量化 $\pi_1$ 和 $R_1$ 的变化比例，但至少可知，对被许可人来说，许可的预期收益并非必然随着惩罚性赔偿的引入而下降。

## （二）被许可人基于许可技术进行累积创新的情况

对基于许可技术进行累积创新的被许可人而言，事先许可确保了累积研发的合法性，减少了侵权的不确定性，同时知识产权保护水平的提升将实质性地促进科技的国际转移，提升了被许可人接触先进技术的可能性，进而提升了被许可人从事许可行为及累积创新的预期利润。不仅如此，基于许可进行累积创新的被许可人身份已经发生转变，被许可人同时又成为累积创新的权利人，作为权利人，其一样可以从更强的专利权保护中获得更高的创新收益，社会的总体福利就此获得提升。

此外，引入惩罚性赔偿能改善许可市场的信息不对称，减少许可交易的搜索成本。如前所述，专利的价值主要通过侵权损害赔偿和许可费体现，惩罚性赔偿能够显著提升权利人的侵权损害赔偿预期，因此权利人具有更强烈的动机搜寻侵权人进行维权，从另一个角度来看，一方面，侵权人即潜在的被许可人，权利人相应具有更强烈的动机搜寻被许可人进行许可磋商；另一方面，由于惩罚性赔偿严厉的震慑与惩罚效应，使用人也具有更强烈的动机搜寻权利人进行许可谈判以防范巨额赔偿的风险，双方合力将提升专利许可主体搜寻到潜在相对方的概率，减少许可市场中的信息不对称，进而降低专利许可交易的搜索成本。不仅如此，惩罚性赔偿使权利人可能从专利诉讼中"获利"的预期，可能会催生出以专利许可及专利诉讼为主要盈利模式的非实施体。从经济学的角度，NPE可以更好地利用其比较优势促进科技转移，使专利更具有流动性并起到市场出清的功能，间接创造更为有效的专利市场，也可以在一定程度上降低专利许可的搜索成本。

基于以上分析，惩罚性赔偿的引入是我国知识产权水平实质性提升的重要体现，赔偿水平的提升可能导致许可费的上升，但同时也将提升被许可人对许可技术开发成功的预期利润，许可的预期收益并非必然随着惩罚性赔偿的引入而下降；对于基于许可技术进行累积创新的被许可人而言，更高的保护水平将实质性地促进科技的国际转移，同时基于累积创新中被许可人具有权利使用人与累积创新权利人的身份双重性，其可以从惩罚性赔偿中获得更高的创新收益。虽然无法具体量化许可费与许可商业开发成功预期利润的变化比例，至少不能武断地得出惩罚性赔偿对被许可人来说必定弊大于利的结论。

如表 3-1 所示，引入惩罚性赔偿能够提升创新预期收益，增强进行原始创新及实施的权利人投资发明创造、进行原始创新以及推动发明创造运用的动机；加大的震慑将抑制使用人潜在的故意侵权行为，有效矫正现有"填平原则"下的履行差错与严重震慑不足；规范角度的惩罚性赔偿制度设计将严格区分边际合法行为和故意侵权，引导故意侵权人从事边际合法行为，默许、保护甚至鼓励边际合法行为，不会对我国的累积创新产生负面影响；惩罚性赔偿仅为专利流氓运行理论上的必要非充分制度工具，并不必然引发专利流氓的横行，其负面效应也可通过制度设计得到有效控制，因此其对社会总体福利的负面成本几乎可以忽略不计；同时许可的预期收益并非必然随着惩罚性赔偿的引入而下降，对于基于许可技术进行累积创新的被许可人，更高的保护水平将实质性地促进科技的国际转移，惩罚性赔偿还能够减少许可市场的信息不对称，减少许可的搜寻成本。因此，惩罚性赔偿涉及的主体对惩罚性赔偿引入的应对符合专利法的功利目的，社会总体福利得以提升，符合卡尔多 – 希克斯效率原则。

表 3-1 专利惩罚性赔偿制度对相关主体影响

| 专利惩罚性赔偿制度<br>涉及的主体 | 专利惩罚性赔偿制度对涉及主体的影响 |
|---|---|
| 进行原始创新和实施的<br>专利权利人 | （1）对专利权的保护、排他性增强，创新预期收益增加→激励进行开创性创新，促进科学进步和创新（+）<br>（2）许可谈判中的影响力增加，许可费增加→激励开创性创新及专利推广应用（+）<br>（3）诉讼潜在收益增加，维权动机增加，如有利用惩罚性赔偿进行掠夺性的反竞争行为，可基于反垄断法进行规制→矫正履行差错，激励开创性创新（+） |
| 专利所有权人中的专利<br>流氓 | 惩罚性赔偿仅是专利流氓运作理论上的必要非充分条件，其成本和收益本身存在巨大争议，专利流氓的制度成本可以通过理性的配套制度构建进行约束→个体福利提升，但对社会总体福利的负面成本几可忽略不计（N/A） |
| 故意侵权人 | 侵权成本上升，预期侵权收益下降→震慑侵权行为，有效矫正履行差错带来的社会效率损失→个体非效率行为受损，社会整体受益（+） |
| 通过许可合法使用专利<br>的被许可人 | （1）被许可人就许可技术直接进行商业开发的情况<br>许可费上升的同时被许可人对许可技术开发成功的预期利润也上升→许可的预期收益并非必然随着惩罚性赔偿的引入而下降（N/A）<br>（2）基于许可技术进行累积创新的被许可人（使用人与累积创新人的身份双重性）<br>对专利权的保护水平增强→实质性地促进科技的国际转移，获得更高的创新收益（+） |
| 边际合法行为人 | 严格区分从事边际合法行为的累积创新主体与故意侵权人的理性制度设计→个体福利不受影响，引导从事边际合法性行为而非故意侵权→鼓励、保护边际合法行为，社会总体福利提升（+） |

# 第四节　专利侵权惩罚性赔偿制度成本收益分析的启示

　　惩罚性赔偿制度在 1993 年才于我国适用，立法与司法虽快速发展，但至今仍不成熟。通过对专利侵权损害赔偿制度中惩罚性赔偿的法经济学分析，其存在与合理许可费倍数规则相似但又有差异的结果。成本方面，惩罚性赔偿制度可能导致并不违法与并不侵权的我国企业，因惩罚性的威慑力而规避本属正常的商业活动，从而抑制了企业的健康发展。此时，我国企业将不得不减缓创新的深度与广度，这将使我国企业进行累积创新的成本有所增加。上述问题事实上也对专利市场竞争起到消极影响，限制了专利市场的正当竞争。而且，当前专利惩罚性赔偿制度同样可能"激励"专利流氓活动的发生。反观惩罚性赔偿制度的收益方面，该制度可以有效保证从事原始创新的创造者在专利创新过程中的经济成本：通过惩罚性赔偿可以有效地降低创造者因专利应用化之前所投入大量成本，在未获得经济回报时遭受侵权的风险，基于权益的充分保障而激励创新。此外，在惩罚性赔偿的语境下，无辜侵权人与专利流氓问题是否能够造成收益性结果亦存在可能。

　　由此，专利惩罚性赔偿制度在具体适用层面仍存在一定缺陷，如存在适用条件不明确等具体问题。笔者认为，对惩罚性赔偿制度的法经济学分析可以提供如下启示。其一，惩罚性赔偿的"故意"要件边界不明。作为主观要件的"故意"，在惩罚性赔偿这一可能造成重要后果的司法活动中，应当审慎认定与适用。其二，惩罚标准不明。既有制度缺少针对惩罚对象的具体分级分类，这将导致法官在适用惩罚性赔偿时，缺乏具体自由裁量的参考依据。反观我国《消费者权益保护法》等单行法，多规定了惩罚性赔偿的具体条件。在专利法侵权惩罚性赔偿问题上，如何确定金额、倍数均缺少相应的指引。尽管诉讼本身也是不确定的，但这将使法官在行使自由裁量权时，会因盲目而导致不合理的实施后果。因此，有必要重新审视专利惩罚性赔偿制度的适用范围、惩罚性适用条件等问题。

# 小　　结

如笔者所分析，基于对惩罚性赔偿制度可能涉及的所有群体的行为预测，引入惩罚性赔偿制度符合专利法的立法目的，规范意义上的惩罚性赔偿制度能够增强进行原始创新和推动发明创造实施运用的动机，有效矫正现有"填平原则"下的履行差错与严重震慑不足，引导和保护中国企业的边际合法行为。因此，这一制度的引入符合卡尔多－希克斯效率。然而，法律移植绝不等同于"西方化"甚至"美国化"，专利侵权惩罚性赔偿制度作为一项舶来的工具，最终能否在我国实现社会福利最优的实施效果，有赖于立法者基于对我国战略利益和本土累积创新语境的清醒认识，审慎划定故意侵权的边界、设立抑制专利投机的惩罚性赔偿金分割制度以及修正并明晰确定惩罚性赔偿倍数的合理因素，最大限度地减少该制度的实施成本，进而从法律移植中获得最优的社会福利改善，使专利侵权惩罚性赔偿制度与我国产业创新发展的需求相适应。

# 第四章 构建以专利市场价值实现为导向的专利侵权损害赔偿制度

　　专利对私主体权利与国家经济发展均具有重要意义。近年来，我国专利侵权问题愈演愈烈，而我国专利侵权损害赔偿制度中具体规则并未发挥出其应有的作用，这导致我国专利权人的私权益、社会经济发展与国家科技创新受到阻碍。然而，既有制度中法律适用的固有形式逻辑推理，并不能有效应对专利侵权损害赔偿判定中合理的逻辑框架。法经济学分析为我国专利侵权损害赔偿制度的完善提供了新的视角与科学依据。以专利市场交易价值作为专利侵权损害赔偿的逻辑起点与基本依据，有助于建设更为完善、高效的专利侵权法律责任体系，特别是惩罚性赔偿制度对专利创新而言，意义重大，原因是专利的成就需要创造者在并不能确定经济回报的情况下作出大量经济投入，惩罚性赔偿的适用能够惩戒专利领域失信行为，激发创造者的积极性。

具体而言，本书仅对专利侵权损害赔偿中合理许可费规则与惩罚性赔偿相关制度提出完善意见，原因是填平原则下的专利侵权损害赔偿具体规则中，实际损失规则与侵权获利规则已具有明确的法律适用指引，且符合民法的基本法理与经济学依据。发挥填平作用的具体规则中，合理许可费规则是当下亟须解决的现实问题。不过，在针对合理许可费规则提出若干建议的同时，不免涉及实际损失规则与侵权获利规则的部分法律适用问题。在合理许可费规则得以完善的基础上，能够在一定程度上减轻法定赔偿规则的过重负担。此外，我国对惩罚性赔偿制度的引入被认为是专利制度的一大亮点，其具有不成熟的问题并不奇怪。笔者尝试提出若干建议，以期加快我国专利侵权惩罚性赔偿制度的发展。

# 第一节　我国合理许可费规则适用之完善

计算专利侵权损害赔偿的合理许可费规则在我国不仅未被重视，甚至饱受误解，这一现状缘起于制度层面缺乏指引的概括性规定，以及司法实践对更为"安全"的法定赔偿规则的恪守。不论是从对权利人应当的司法救济层面，还是从推动我国技术发展层面，合理许可费规则都有着其相较于实际损失规则与侵权获利规则的天然优越性。通过对合理许可费规则的具体化，在我国司法实践中恰当地适用合理许可费规则，不仅不会导致理论界担忧的情形出现，还会有效地促进我国专利战略的发展。具体而言，可以从以下方面完善我国专利侵权损害赔偿制度的合理许可费规则。

## 一、维持既成许可费法的唯一适用

从对我国适用合理许可费规则的法经济学分析来看，在我国，积极适用合理许可费规则似乎利弊兼有而难分高下。但难以忽视的是，法定赔偿规则占据了不应该的绝对主导地位，且其对权利人的救济实效并不理想。这一现状不论是从立法目的，抑或实践需要的角度，都需要被实质性地改善。

因此，应结合我国适用合理许可费规则之成本而作出进一步分析。细究之下，专利流氓成本与法官自由心证成本事实上皆源于该规则适用的不确定性所致。法律适用时，法律的不确定性越高，其适应范围越广，但这势必导致可适用能力降低。正是由于合理许可费规则的具体要素未得以充分具体化，从而导致司法实践中难免出现上述问题。此外，累积创新成本所体现的，乃是我国目前不适宜较大程度地适用合理许可费规则，但仅据此而放弃对合理许可费规则的适用显然是不理性的。

诚如吴汉东教授所指出，是否保护专利权，给予何种水平的专利权保护，是一国根据其现实发展状况及未来发展需要而作出的公共政策选择与安排。❶ 因此，笔者认为，我国应继续采用既成许可费法作为唯一的基数许可费计算方法。否则，虚拟谈判法或分析法于我国而言，虽会提升合理许可费规则的适用范围，也在理论上似乎能够达到精准填平权利人损害的美好目标，但事实上难以摆脱适用不确定性所引起的适用率低、适用方法不统一等问题。

既成许可费法看似存在适用范围窄的弊端，但这是由于我国司法实践中对此缺乏明确、统一的适用指引所致，具体表现为：法院对许可费真实性、合理性的审理要点不明确、不合理；"倍数"要件与涉案因素的综合适用不协调，且缺乏正当的、充分的确定依据。同时，合理许可费规则的兜底性安排亦降低了权利人依据该规则寻求保护的积极性。可以预见，通过积极、合理地适用合理许可费规则，不仅可以矫正我国专利权司法保护中严重侵权损害赔偿不足的问题，给予专利许可人更加充分的保护；还可以通过司法政策的引导，规范专利许可活动，间接推动我国专利许可服务市场的发展。

## 二、合理许可费规则适用位阶的提升

由于表面上合理许可费规则不如实际损失规则与侵权获利规则那样能够精准填补侵权损害，因此立法上将合理许可费规则作

---

❶ 吴汉东.利弊之间：知识产权制度的政策科学分析［J］.法商研究，2006（5）：6-15.

为一定兜底性条款处理。但合理许可费规则与实际损失规则和侵权获利规则在本质上存在相似之处，即皆通过依据确定性因素，包括权利人损失金额、侵权人获利金额与权利人许可费金额，结合具体案情而作出损害赔偿金额的确定。笔者认为，将三规则调整为平行适用模式更符合立法逻辑。

虽然实际损失规则与侵权获利规则理论上可以通过确定的金额而直接地反映并决定法院的判赔数额，但实践操作中往往面临当事人取证不足、侵权人留证不足的致命问题，从而使证据所呈现的数额与事实不符，进而降低两规则被期待的准确性。从笔者对既往案例的实证考察来看，适用实际损失规则与侵权获利规则的案例同样寥寥无几。反观合理许可费规则，虽然该规则需要在个案中单独确立具体、合理的损害赔偿金额，这似乎同样包括了判赔金额准确性不足的规则表征，但事实上，在具体案件中，权利人通过提供专利许可费的相关证据，首先即确立了法官判赔的本体依据。法官根据这一基数，结合涉案因素再合理确定具体判赔金额，不仅能够使权利人以较低的成本举证，而且更加接近真实商业环境的谈判结果，从而实现损害填平。

一项专利获得许可实施是体现其商业价值的重要途径。一项真实的、在权利人提起侵权诉讼前已经完成的专利许可交易，其许可使用费水平由平等市场主体遵循意思自治达成。这一方面最符合权利人对专利研发投资的预期回报，另一方面也能确保被许可人运用专利能够取得合理利润，基于这一基数的合理许可费规则最符合真实市场条件下的谈判结果，也最符合权利人"情愿"的期待。我国专利司法保护现状反映出法院对适用合理许可费规则持明显的保守立场，这部分归因于该计算方式运用的技术难度，同时更多地源于偏好法定赔偿的司法惯性及低赔偿水平的司法政策导向，"非不能也，实不愿也"。从德国、日本等大陆法系国家的司法实践来看，合理许可费规则基于其适用简单的特征而被广泛接受。

随着我国经济发展方式加快转变，创新引领发展的趋势愈发明显，国家大力倡导通过加大专利侵权行为惩治力度、规制专利滥用行为以实现专利制度激励创新的基本保障作用。这迫切要求法官改变对法定赔偿的司法偏好，改变专利侵权在司法实践中赔偿严重不足的问题。因此，笔者认为，应当提升合理许可费规则的适用位阶顺序，将合理许可费规则亦作为第一顺位的专利侵权损害赔偿计算方式。

## 三、许可费真实性检视要件完善

许可费的真实性是适用合理许可费规则的法定要件之一，亦是权利人司法救济的根本要求。对本书第二章中表 2-1 所统计的适用合理许可费规则的 5 个案例进行比较，2 号案例显示，权利人仅提供专利许可实施合同以及许可费支付发票似乎就已满足许可费的真实性要件的检验标准。从 1 号、3 号、4 号案例来看，权利人还可提供对专利实施许可合同在国家知识产权局备案的凭证等证据作为许可费真实性的补强（见表 4-1）。

表 4-1　确认许可费真实性案件中权利人提供的证据

| 编号 | 案号 | 许可费计费方式 | 权利人提供的证据 |
|---|---|---|---|
| 1 | （2020）皖民终1199 号 | 按件计算 | （1）《专利实施许可合同》；（2）公证书，内容包括许可费数额；（3）许可费支付票据；（4）许可费发票 |
| 2 | （2019）辽民终1131 号 | 一次性支付 | （1）《专利实施许可合同》；（2）许可费发票 |
| 3 | （2018）粤民终958 号 | 一次性支付 | （1）《专利实施许可合同》；（2）国家知识产权局备案证明；（3）许可费发票；（4）许可合同国税、地税完税凭证 |
| 4 | （2018）粤民终1345 号 | 一次性支付 | （1）《专利实施许可合同》；（2）国家知识产权局备案证明；（3）许可费发票；（4）税收缴款书 |
| 5 | （2018）浙民终561 号 | — | 确认许可费真实性的判决书［（2017）浙 01 民初 399 号民事判决］（该判决书未上传至裁判文书网） |

但是，我国不同法院在适用合理许可费规则时，对许可费真实性判断标准并不统一。比如，在孔某、中山市古镇恒明照明电器厂侵害外观设计专利权纠纷一案❶中，与 2 号案例相似，权利人仅提供专利许可实施合同以及许可费支付发票。但法院对此表示："人民法院在给予专利权人保护和制止侵权的同时，也要防止专利权人假借专利许可合同的形式虚列许可使用费蓄意提高索赔金额的情形。"由于权利人并未提交专利被许可人是否实际制造、销售专利产品的证据，因此法院否认了合理许可费规则的适用。立法者原本希望通过参考在先许可费标准简化赔偿基数的确

---

❶　广东省高级人民法院（2017）粤民终 2080 号民事判决书。

定，使赔偿金额更符合双方谈判达成的真实交易水平，然而若纠纷中原告通过虚构许可交易、关联交易、夸大许可金额等方式投机取巧，势必造成完全相反的司法效果。

高证明标准是司法公正的需要，避免假借专利许可实施合同而牟取不当利益是法院适用合理许可费规则的首要前提。不过，需要注意的是，为追求法律事实与客观事实相统一，而对证据的追求达到"不切实际"的程度，不仅会束缚法官作出应有的公正裁判，消耗不必要的审判资源，还会妨碍被侵权人的权利救济。如此不仅挫伤了权利人的诉讼积极性，还将对司法救济程序的公正性和价值性产生影响。又由于证据内容虽然客观，但证据所能达到的证明标准存在法官自由心证的空间，本书以为可通过司法解释对专利许可费的真实性要件作出指导性规定，为法官提供具体可操作的审判指引，降低法官自由裁量的空间，提高裁判的统一性与准确性。具体而言，在对适用合理许可费规则可能引起专利流氓问题的考量下，法院可通过以下审查进路检验专利许可实施合同的真实性。

（1）对在先许可合同备案的审查。我国《专利法实施细则》第 14 条规定了专利权人与他人订立的专利实施许可合同，应当向国务院专利行政部门备案。早期有法院据此认为，未经国家知识产权局备案的许可实施合同不能作为合理许可费规则适用的依据。[1]但该规定是为了行政管理需要，违反该规定并不损害国家利益和社会公共利益，故是否在国家知识产权局备案专利许可实

---

[1] 长沙市中级人民法院（2009）民三初字第 0101 号民事判决书。

施合同并不影响合同的效力。合理许可费规则的适用或者说许可费金额的确定，应当以真实有效、切实履行的合同为依据。比如前述1号和2号案例中，权利人未提供许可实施合同备案凭证，法院同样确认了许可合同的真实性。

笔者认为，许可实施合同是否备案并不直接地影响许可费的真实性确定，但仍有必要将该因素作为真实性审查标准，理由有四：第一，许可实施合同备案凭证作为合同对外公示效力的证据，当然地可以起到证明许可合同真实性的效果；第二，出于趋利避害的理性经济人考虑，被许可人为了更好地维护其获得的被许可权利，具备极强的动机进行合同备案公示以防止第三人侵权，即许可实施合同的备案亦受到权利人的主动追求；第三，许可合同备案并不会增加当事人的经济负担；第四，将许可合同备案凭证作为许可合同真实性审查的重要参考因素，除上述司法效果之外，还会产生积极于我国的专利行政管理的效果。

（2）对合同切实履行的审查。对于被许可人而言，支付许可费是最重要的合同义务。但许可费的支付或者说许可费发票证据的提供，并不能直接证明许可合同得以真实履行。而且，涉嫌侵权人对于专利许可人和被许可人之间的专利许可行为，以及被许可人实施专利等相关证据的举证能力较弱。在法院仅将许可费用的支付作为合同切实履行的判断标准情况下，涉嫌侵权人要对此进行抗辩，还需承受被许可人未实施专利的这一消极事实的举证责任，从而违背了证明责任的公平原则。同时，要求权利人提供如被许可人生产、制造专利产品，或使用专利的相关证据，不仅未对权利人科以畸重的负担，还可以有效避免专利流氓行为，保证司法公正。因此,笔者认为,对许可实施合同切实履行的司法审查,除许可费发票之外,还应包括银行流水、被许可人实施专利相关证明等。

(3)对专利许可双方利害关系的审查。从表面上看,专利许可双方存在利害关系可以作为排除合理许可费规则适用的条件。司法实践中,也确有法院以该标准进行裁判。比如在黄某某与深圳市康视达电子有限公司、深圳市易资力商贸有限公司、陈某某侵害外观设计专利权纠纷一案 ❶ 中,法院认为原告系两被许可人的股东,与两被许可人存在法律上的利害关系,因此排除合理许可费规则的适用。但细究之下,这一裁判方式过于武断。通过举重以明轻的证明方法,首先需要回答的问题是,关联交易是否当然无效。根据我国《公司法》第21条,我国并不禁止所有关联交易,只是禁止不公平而损害公司利益的关联交易。其次需要回答的问题是,双方当事人存在利害关系是否当然导致合同无效。根据我国《民法典》第144~146条、第153~154条,双方当事人的利害关系并不是合同无效的情形。因此可以明确的是,双方当事人之间存在利害关系并不当然导致许可实施合同无效,而是提高了双方当事人通过虚假的意思表示、恶意串通损害他人利益的可能。以这一"可能性"作为排除合理许可费规则的当然条件,缺乏相应依据,也未发挥司法应有的救济功能。比如,存在利害关系的双方当事人以合理的专利许可费订立真实的专利许可实施合同并切实履行,在被许可人因他人的侵权行为遭受损失而

❶　广东省深圳市中级人民法院(2017)粤03民初1098号民事判决书。

寻求司法救济时，被许可人由于与许可人存在利害关系将无法适用合理许可费规则。在其同时无法通过实际损失规则或侵权获利规则计算判赔数额的情况下，被许可人只能依赖于法定赔偿。然而，法定赔偿有着判赔数额上限的限制，在侵权程度较重、被许可人损失较大的情况下，显然无法获得应有的救济。

因此，针对专利许可双方存在利害关系这一因素，应采取以下处理办法。第一，提高对许可实施合同真实性审查的证据标准。因为商事活动本身具有一定的聚合性与重复性，商事主体倾向于与存在利害关系且更为信任的其他商事主体开展贸易往来并无不妥，且符合商业惯例。二者间真实、公平、合理的商事活动与不存在利害关系的商事主体之间的商事活动在法律意义上并无本质区别。第二，提高对许可实施合同所约定的许可费合理性审查的证据标准。存在利害关系的双方商事主体之间的正当交易虽然同样受到司法保护，但二者所达成的专利许可实施合同可能因为二者间的其他商事因素而在非意思自治、平等协商的基础上所达成，从而使得二者所达成的许可费金额并不合理。据此，在司法审查确认利害关系双方所达成的专利许可实施合同真实，且许可费金额合理的情况下，理应同样具有适用合理许可费规则的法律基础。

## 四、许可费合理性检视要件完善

许可费的合理性亦是适用合理许可费规则的法定要件之一，这要求法官对许可使用费的合理性进行实质性判定。判断许可费的合理性，应当分别从许可费的内部与外部进行考察。内部考察是指专利许可双方所达成的专利许可费是否合理；外部考察是指相较于侵权人所实施的侵犯专利权行为，权利人主张的既成许可费是否合理。区分内部考察和外部考察的目的并不在于适用不同的合理性判断方法，而是合理地分配举证责任。

　　首先是关于许可费合理性的判断方法。许可费计价一般由两种方式确定：一次性支付（lump sum）及按件计算许可费。一次性支付多用于方法专利的许可，产品专利许可基本适用按件计算许可费的方式。一次性支付方式的许可费金额较为直观，主要基于许可期限而具体计算。按件计算许可费方式下，许可费由计价基数（一般系产品整体售价）乘以每件专利许可费率得出。基于理性经济人趋利避害的天性，被许可方愿意为专利支付的许可费（率）必然小于其实施涉及专利之商业活动的实际利润（率）。需要强调的是，许可费（率）系包括被许可方投入该专利实施及其他有形与无形财产、人力等成本而获得的利润（率），即被许可专利仅贡献了部分而非全部利润（率）。据此，对许可费合理性的检视可通过与实施专利所获得的利润（率）进行比较，若许可费小于实施专利所获得的利润（率），且无其他明显不合理因素的情况下，可以认定既成许可费的合理性。按照这一利润比较法，不论涉案专利许可是否通过多次许可和多方许可而获得市场的普遍认可，均可予以进行合理性判断。而且，从上述我国司法实践中既有适用合理许可费规则的裁判来看，将单一的专利许可费作为判赔依据并无不当。

　　其次是举证责任的分配问题。除非上市公司具有强制的信息披露义务，否则由于专利许可费以及实施专利所获得的利润（率）在商业活动中可能构成商业秘密，一般商事主体因可能遭受不必要的经济损失而不愿意在争议解决中披露相关信息。因此，判断许可费的合理性问题应当在确认侵权的基础上进行解决，此时举证责任的分配问题则尤为重要。

在专利许可双方不存在利害关系的情况下，出于商事主体的经济理性，许可双方所达成的专利许可费往往是多次磋商的结果，即基于市场经济特性，推定该情形下的合理费具有合理性并无不当。此时，在权利人提供既成许可费的证据时，既成许可费属于消极事实，应当由侵权人举证证明许可费的不合理性。侵权人则可以从其专利实施行为所获得的利润（率）与许可费进行比较的结果而作为证据。若既成许可费大于或等于侵权人实施侵权行为的所得利润（率），则既成许可费显然不合理；而若侵权人拒绝举证，则应承担举证不能的不利后果。

在专利许可双方存在利害关系的情况下，如前文所述，许可双方可能由于利害关系而在非市场自由磋商的情形下确立专利许可费。特别是专利许可双方假借专利许可合同虚高许可费而不当地损害侵权人利益时，推定许可费具有合理性极有可能带来有悖实质正义的结果。因此，证明专利许可费合理性的举证责任理应首先由权利人举证证明，而侵权人亦可通过其侵权行为所获利润（率）进行抗辩。

当然，利润比较法并非唯一的合理性判断方法，例如，通过高度相似专利的许可费进行比较，亦可作为判断依据，相较于其他判断方法，利润比较法可以在个案中得以准确判断。

## 五、"倍数"要件完善

目前我国合理许可费规则中的"倍数"要件在理论上仍十分"生硬",能够影响"倍数"具体大小的"涉案因素"未充分发挥作用,原因是"涉案因素"在立法层面的规定过于原则性。通过对"涉案因素"的补充与重视,可以使法官自由心证的过程予以具体化呈现,一方面避免法官恣意认定具体"倍数",另一方面给予法官充分依据而鼓励适用"倍数",从而实现合理许可费规则的价值目标。换言之,即便个案中的"涉案因素"不足以达到适用"倍数"要件的程度,但对"涉案因素"的完善亦可起到精准化损害赔偿的作用。

从我国近年来适用合理许可费规则的案件来看,并未有案件以超出一倍既成许可费的数额作为判赔结果。然而,这并不代表"倍数"缺乏现实需要,比如,德国法院对于知识产权侵权案件,虽然一般只对涉案许可费有所酌加,直接以多倍许可费进行判赔的案件仍在少数,但其仍在认为有必要的情况下,作出了多倍许可费的判决。❶ 而且,商业实践中侵权人因侵权行为所获得的利益,基于侵权产品的生产规模、侵权人的销售范围等因素的不同,往往并不直接对等于权利人实施涉案专利所获得的收益。也即,直接将既成许可费作为判赔结果并不一定当然地符合填平原则。据此,根据个案侵权情节等"涉案因素"的不同而合理地确

---

❶ 李军,朱雪忠. 我国著作权侵权赔偿中的合理许可费制度研究——以《德国著作权法》为参照 [J]. 出版科学,2017,25(4): 82-87.

认是否适用"倍数"要件，是以该规则寻求权利救济的必要步骤。

但如前文所述，我国对"涉案因素"的规定十分抽象且原则化，因此笔者主张，"专利商业化程度"可以作为法官适用合理许可费规则时确定具体"倍数"的主要考虑因素之一。

从法经济学的角度来看，若涉案专利仍未商业化，则法官应更为审慎地适用倍数赔偿。专利商业化虽然时常被商业研究者所提及，但其缺乏广泛认可的精准定义。比如，国内有学者将其定义为"由专利研发和产品应用组成的价值实现过程"[1]；国外有学者将其定义为"企业将新科技整合进用以市场销售或使用的产品、流程和服务而从创新中获利的尝试"[2]。学界对专利商业化的定义表述虽有所差异，但均强调专利的价值实现，也即若涉案专利的实施许可、专利产品生产与销售等市场行为越成熟，则专利的价值实现越大。

从保护专利商业化的制度价值上来看，专利实现从技术到运用跨越的合法商业化过程是真正实现专利法对权利保护的经济效能的必要条件。法经济学主张，法律制度应追求社会经济效率，即专利法最重要的制度目的包括保护专利权人合法权益、鼓励发明创造、推动发明创造的运用、提高创新能力以及促进科学技术进步和经济社会发展。对专利权人合法权益的保护是推动创新的一种手段而非直接目的。基于这一宗旨，实现社会福利最优的专

---

[1]　陈朝晖，谢薇.专利商业化激励：理论、模式与政策分析［J］.科研管理，2012，33（12）：110–116.

[2]　CONGRESS U S. Office of Technology Assessment, Innovation and Commercialization of Emerging Technology［M］. Washington，DC：U.S. Government Printing Office，1995：22.

利法制度的目的应着眼于推动创新，即引导、保护、催化将有价值的新产品（包括产品和服务）引入市场。这包括从创意或概念构成阶段到在市场中成功地推出一项全新或改进的产品，或是能够满足现有或潜在消费者明确或隐含需求的过程的成果，从而提升生产或服务效能，实质性地增加社会福利。如果一项专利被发明后始终束之高阁，或者仅作为防御性的技术被用以排除他人利用或单纯地收取许可费而不进行任何商业实施，则在事实上未真正实现专利法的社会经济效能。

从已商业化专利的价值评估来看，已经合法商业化的在先专利许可使用费对后案的参考价值更大。现金流折现法是专利许可商业实践中最常见的专利价值评估方法，即为未来的技术计算现有价值。一项专利越接近成为最终产品，对未来现金流的预估越现实合理。❶ 因此，当一项专利已经实质性地进行商业开发，其许可使用费更能够反映其合理价值。同时，鉴于适用合理许可费规则可能催生专利流氓商业模式，如果涉案专利仅经过许可而从未进行任何商业开发，则法官应审慎对其进行多倍许可费保护。因为专利的商业开发需要付出巨大的资本与人力投入，专利流氓行为基于成本核算的考虑不可能真正实施商业开发，而一项已实质进行商业开发的发明专利基本可以排除其被专利流氓投机利用的可能。基于以上原因，笔者主张，一项已经合法商业化的发明专利比未经商业化的发明专利更具价值而值得更大力度的司法保

---

❶　KRATTIGER A，RICHARD T，NELSEN L，et al. Intellectual Property Management in Health and Agricultural Innovation：A Handbook of Best Practices ［M］.Oxford：MIHR，and California：PIPRA，2007：805-811.

护。具体落实到合理许可费规则中，应对已经合法商业化并完成真实许可交易的发明专利在证据较为充分的基础上给予多倍许可费的司法保护。

继而，在专利权人举证方面，在对给予多倍赔偿的司法审查时，权利人自身的商业化活动或在先被许可人的商业化活动都应视为涉案专利商业化的证据。在商业实践中，一项产品的商业化流程大致包含三个部分：（1）制造前阶段（包含专利权人搜集市场情报、确认商业化机会以及实验生产流程）；（2）市场投放阶段；（3）大规模制造阶段。❶ 在这一流程中，专利必须从单纯的技术方案转化为某种程度上可加以市场化的具体应用方案。专利权人不得不购买或租赁能够大规模生产的设备，搭建市场销售渠道，以使最终消费者可能知悉这一新产品的存在从而进行销售，上述每一个阶段的推进都要求专利权人巨大的资本及人力成本投入。❷ 这一过程往往被称为"死亡之谷"的困难阶段，而对这一巨大商业化成本在确认判赔数额时予以考量并无不当。由于制造阶段的搜集市场情报、确认商业化机会本身需要的资本与人力投入不高，且专利非实施体较容易规避甚至伪造此类证据，因此笔者主张当权利人能够举证某项专利已经进入实验生产阶段即应认定为该专利已经合法商业化；而专利实施越接近投入市场的最终产品，从倍数确定时就应更倾向于获得更大保护。

---

❶　WEBSTER E, JENSEN P H. Do Patents Matter for Commercialization? [J]. Journal of Law and Economics, 2011 (2): 431-453.

❷　OSENGA K. Formerly Manufacturing Entities: Piercing the Patent Troll Rhetoric [J]. Connecticut Law Review, 2014 (47): 445-446.

总体来说，对于商业化程度较低的专利，法官应更为审慎地确定多倍赔偿，只有在权利人举证证明侵权人的侵权范围、侵权程度等因素更重时，才可根据涉案证据酌定具体倍数。对于商业化程度较高的专利，法官可通过降低对证据证明标准的要求，结合双方当事人的法庭辩论与涉案证据，在考虑专利商业化成本的基础上而合理酌定具体倍数。需要强调的是，"倍数"要件的适用并非令侵权人承担权利人专利商业化的成本，而是由于专利的高度商业化而使得涉案既成许可费的可适用程度更高，从而提升了填平原则下"倍数"要件适用的准确性。

## 第二节　符合我国累积创新需求的专利侵权惩罚性赔偿制度

市场经济发展优化了知识产权保护环境，惩罚性赔偿制度的引入对于我国知识产权发展而言，具有重大意义。但这一规则在司法实践中的适用率仍然较低，且法院仍持有较为保守的适用态度，其原因在于对具体规则的适用方式缺少明确的指引。因此，只有进一步落实、完善我国专利侵权惩罚性赔偿制度，才能真正发挥该制度遏制、威慑侵权行为的根本目标。诚如吴汉东教授所指出，是否保护专利权，给予何种水平的专利权保护，是一国根据其现实发展状况及未来发展需要而做出的公共政策选择与安排。❶专利惩罚性赔偿制度正是在我国企业从侵权到创新，我国从"中国制造"到"中国智造"转型背景下进行的自主制度选择，其引入符合卡尔多–希克斯效率原则。但考虑到我国企业在相当长的一段时间内，累积创新都将是主流的创新模式，而专利惩罚性赔偿本身可能对累积创新造成不可控的社会成本，例如过度震慑边际合法行为、掠夺性许可费定价并可能助长专利投机与套利。我国在移植惩罚性赔偿时应基于对我国战略利益和本土累积创新语境的清醒认识，以最小化该制度可能对我国社会福利产生的潜在成本为原则，从以下三个角度确立符合专利法目的、符合经济效率的惩罚性赔偿制度。

## 一、审慎划定故意侵权的边界

行为人构成专利故意侵权是适用惩罚性赔偿的前提，因此对故意侵权的解释尺度直接决定惩罚性赔偿的适用范围，并间接决定惩罚性赔偿的制度成本。我国《民法典》第 1185 条对此特别规定了权利人对"故意侵权"且"情节严重"的，可以请求惩罚性赔偿。这一规定标志着我国将惩罚性赔偿作为一般侵权损害赔偿规则予以明确设立。对于"故意"要件，按照一般文义解释，其是一种主观心理状态，在侵权法意义上，故意是侵权行为的表达。因一般侵权责任以过错为要件，而过错包括故意与过失两种

---

❶　吴汉东.利弊之间：知识产权制度的政策科学分析［J］.法商研究，2006（5）：6–15.

情形，由此，故意本身是一种过错。一般而言，传统民法学说认为，故意可以分为两种心理状态：其一是侵权人想象侵权结果一定或可能发生；其二是侵权人追求这种结果的发生。**❶** 在此基础上，故意并非一定是恶意的。因为，善意地侵犯他人权利，同样可以被认定为故意。在惩罚性赔偿的语境下，故意是否包括重大过失在学理上仍存在较大争议。进言之，在《民法典》生效之前，我国《侵权责任法》(《民法典》颁布后已废止)之外也有规定故意，多指侵权行为人对侵权风险的认识状态，这一风险既包括侵权结果风险，也包括法律责任风险。**❷** 从《民法典》在产品责任等问题的规定表述上来看，故意是行为人对侵权行为后果具有认识而仍然实施侵权行为的心理状态。

在此基础上，这一主观要件认定标准较低时，可能导致前文所述的成本问题，而过于严格同样会导致该规则的现实收益难以成就。因此，仍有必要进一步明晰故意的认定标准。由于惩罚性赔偿制度起源于普通法系国家，且在美国得以广泛适用，因此，考察美国法的具体适用方式，能够对故意要件的认定标准起到参考意义。

美国在 2007 年以前对专利故意侵权一直采用"积极的注意义务"标准，即被告具有"积极的注意义务决定其是否构成侵权，包括在开始任何可能的侵权行动前寻求及获得适格的法律顾

❶    芮沐.民法法律行为理论之全部（民总债合编）[M].北京：中国政法大学出版社，2003：266.
❷    张红.侵权责任之惩罚性赔偿[J].武汉大学学报（哲学社会科学版），2020（1）：92.

问法律意见的义务"。❶ 如被告未履行这一义务即构成故意侵权。对故意侵权的宽松认定标准使潜在的侵权人必须承担不必要的创新成本：如获得不侵权或专利无效的律师意见的成本，较高的侵权风险及沉重讼累使被告更容易接受可能远超事先许可的诉讼调解金额，破坏律师和当事人之间的保密关系等。

在立法、实务界以及学界的多重指责压力下，美国联邦巡回上诉法院在 2007 年重塑了专利故意侵权标准，提出了"客观疏忽大意"的两步检测标准：为了证明故意侵权，专利权人必须通过清晰且令人信服的证据证明侵权人不顾其行为具有对某一有效专利构成侵权的高度客观可能性而仍为之；如果满足这一客观标准的门槛，专利权人还必须证明被诉侵权人已知或应知这一客观风险。❷ 从"积极的注意义务"标准到"客观疏忽大意"标准的演变，体现出对故意侵权的限制解释趋势，这正是美国对曾经的标准造成负面制度成本的主动修正。理论上，有学者认为，惩罚性赔偿应当与恶意相适应，其法理基础在于过错与责任的相互适应性。❸ 也有学者认为，美国在具体过错的认定标准问题上并不是稳定的，故意应当包括谨慎性、合理性、过失乃至疏忽。❹ 也有观点认为，惩罚性赔偿应当对恶意具有一定要求，并在一般故

---

❶　Underwater Devices Inc. v. Morrison-Knudsen Co., 717 F.2d 1380, 1389 ( Fed. Cir. 1983 ), overruled by In re Seagate Tech., LLC, 497 F.3d 1360 ( Fed Cir. 2007 )( en banc ).

❷　Seagate Tech., LLC, 497 F.3d 1360 ( Fed Cir. 2007 )( en banc ).

❸　罗莉. 论惩罚性赔偿在知识产权法中的引进及实施 [J]. 法学，2014 ( 4 ): 23.

❹　阮开欣. 美国专利侵权惩罚性赔偿的经验和借鉴——兼评美国最高法院 Halo 案判决 [J]. 法律适用，2017 ( 10 ): 100.

意认定标准之上。❶ 对此，考虑到作为惩罚性赔偿最积极的践行者——美国尚且如此，以及我国现阶段的累积创新路径多基于规避设计等边际合法行为，在移植惩罚性赔偿时应谨慎划定"故意侵权"的界限，以最小化惩罚性赔偿对累积创新可能造成的制度成本。

通过上述分析，惩罚性赔偿的故意要件在侵权行为人过错程度上应有所考量。尽管我国《民法典》规定了惩罚性赔偿当中的故意要件，但如何进一步解释故意是当下需要解决的重大问题。基于此，笔者认为，专利故意侵权应界定为：明知存在他人有效专利，而积极追求或者放任侵权结果的行为。因为从法律适用上来看，这一界定标准在主观方面能够防止两类"无辜侵权行为"承担惩罚性赔偿的风险，从而促进专利创新。

其一，独立发明。虽然专利法与著作权法不同，将独立研发获得的技术也归入专利侵权范围中，但独立发明不符合故意侵权的主观心理状态，同时独立发明对社会具有正的外部性，使独立研发人需要承担惩罚性赔偿严苛的潜在风险不符合专利法鼓励发明创造的立法目的，因此独立发明不应属于故意侵权的范畴。

其二，对专利有效性的善意合理怀疑。故意侵权认定的前提是行为人明知存在他人有效专利但仍然进行侵权行为。如果使用人对专利的有效性存在善意合理的怀疑，例如使用人在利用诉争专利之前或之时，诉争专利存在明显的无效事由且使用人提出专

---

❶ 驫木将文.特許権侵害に基づく損害賠償［J］.日本工業所有権法学会年報，2017（41）：56.

利无效宣告请求，此类情形就不应当被认定为故意侵权。这一抗辩事由可以引导行为人合理地挑战专利的有效性，提升专利的质量。

不仅如此，无论是基于惩罚性赔偿功利角度的立法原意，还是基于法律移植过程中适应本国发展需要的理性与主观能动性，边际合法行为都不应被视作"故意侵权"行为。虽然由于专利界限的模糊性以及专利侵权认定的不确定性，边际合法行为可能因为靠近专利边界而存在专利侵权的可能性，然而与非效率的故意侵权不同，边际合法行为能够优化现有技术，推动技术的运用，在一定程度上促进社会总体福利，因此边际合法行为在主观方面、客观方面及经济效率方面均不等同于故意侵权。同时，考虑在中长期内，我国企业的创新模式主要依托于对原始创新的累积创新，而边际合法行为正是累积创新最重要的实现形式，对边际合法行为的默许、保护甚至鼓励符合我国创新现状及产业利益，因此，建议将边际合法行为作为故意侵权的抗辩事由，进而排除惩罚性赔偿的适用。

惩罚性赔偿是为了惩罚及震慑故意侵权而非"无辜"的侵权或边际合法行为。在充分考虑我国专利法的立法目的及累积创新现状的基础上，对故意侵权边界的审慎划定可以保护我国累积创新人进行边际合法行为的探索，通过制度设置对使用人的行为模式进行良性引导，促进社会公共福利的最大化。总而言之，专利侵权惩罚性赔偿对故意的认定标准应遵循《民法典》的基本精神，并结合专利创新的现实需要对认定标准进行细化。

## 二、设立专利投机抑制制度

实现惩罚性赔偿的震慑目的，关键在于确保被告支付恰当水平的赔偿，而不在于原告获得了多少赔偿。❶ 如前所述，专利流氓是以专利侵权诉讼作为主要盈利模式的商业体，其本身并不进行研发及生产，同时专利流氓从诉讼中获得的收益只有极小部分转移给了真正的发明人，因此专利流氓获得巨额惩罚性赔偿将偏离专利法鼓励发明和技术运用的立法原意。然而，一方面，在司法实践中对专利流氓的举证与认定存在难度；另一方面，惩罚性赔偿的适用条件取决于被告的"故意侵权"，如果被告构成故意侵权却仅因为原告属于专利流氓而生硬地禁止其获得惩罚性赔偿，于法理无据。

法经济学的视角要求惩罚性赔偿的制度设计应基于对专利流氓个体利益决策确切的预测，并据此对惩罚性赔偿制度相关人进行合乎社会总体福利的政策引导，基于此，建议参考美国法上的惩罚性赔偿金分割制度，依据我国产业累积创新的特征及现实需求，结合我国专利法的立法目的进行本土化改造。基于这一宗旨，我国的惩罚性赔偿金分割制度的适用对象为专利主张非实施体，即对讼争专利不进行实质性商业实施，而仅通过对专利收集许可费或基于侵权提起诉讼等方式作为主要盈利模式的非原始发明人／非原始专利权人主体。

---

❶ CRUMP D. Evidence. Economics, and Ethics: What Information Should Jurors Be Given to Determine the Amount of a Punitive-Damage Award [J]. Maryland Law Review, 1998（1）: 182.

因此，在专利流氓实施投机行为问题上，可通过增大专利侵权诉讼成本而降低该投机活动的"利润率"。在诉前审查阶段，可通过要求原告提交被侵犯专利证据、专利权属证明等。在适用惩罚性赔偿金时，由法院对原告的权利实施情况进行审查，如果原告无法提供对讼争专利实质性进行研发、生产、销售或市场推广的实施证据，而是通过收购、许可间接获得专利权的非实施体，除非是明显的公益性组织，如大学、政府、教育研究机构或主要从事科技商业化的官方/半官方孵化机构等，否则可由法官判令将最终确立的惩罚性赔偿金的部分比例归入法院所在地/原告所在地的官方科技转移平台以专门支持技术转移及孵化。若涉及禁令问题，可着重考察权利人是否受到实质损害，该实质损害是否可以通过损害赔偿制度予以填补，以及权衡原被告之间的利益差距，对市场环境的影响等，从而审慎颁发诉前禁令。

如此，一方面缩小了专利流氓进行专利套利及投机的空间，由私人经济收益所驱动的理性决策者将缺乏足够的动机提起诉讼，即使提起诉讼最终也有相当比例反哺本土创新；同时该制度仅针对公益性组织以外的非实施体，不会影响传统意义上从事研发、市场推广的实施性权利人及原始发明人/原始权利人获得惩罚性赔偿的权利。另一方面由于成立故意侵权的被告仍需要支付惩罚性赔偿，因此对于故意侵权人的震慑和惩罚效果不会受到削弱，在最大限度上实现了惩罚性赔偿的社会福利最大化。

## 三、明晰惩罚性赔偿倍数判定因素

惩罚性赔偿制度中，倍数要件的适用关乎该制度是否能够达到预期立法目的，其关乎惩罚性赔偿金额的确定与对专利市场的影响。前文提到，专利侵权惩罚性赔偿制度在我国适用存在诸多成本，其原因在于金额确定标准不明，以致适用性较低。基于此，有必要以专利市场交易价值为基础，完善惩罚性赔偿金额判定标准。

基于法经济学理论，侵权损害赔偿应通过施加最优水平的责任以震慑侵权行为。在侵权行为构成故意侵权的前提下，惩罚性赔偿的适用进入了下一阶段，如何基于合理的惩罚性赔偿倍数确定因素以实现个案最优水平的震慑或至少接近最优水平的震慑？依据现行《专利法》第 71 条的规定，对于故意侵权行为，法院可以根据若干因素，将根据补偿性赔偿及法定赔偿所确定的赔偿数额提高至一至五倍。然而基于现行《专利法》第 71 条确定专利侵权损害赔偿的逻辑体系，其关于确定惩罚性赔偿倍数的因素设计存在以下问题。首先，将"情节"同时作为确定法定赔偿和惩罚性赔偿的因素，可能造成逻辑混乱及重复评估。鉴于目前全国大多数的专利判决采取法定赔偿，可以预见在相当长的时间内，法定赔偿仍将是我国专利损害赔偿的主要确定方法，惩罚性赔偿的赔偿基数也将主要由法定赔偿确定。法定赔偿和惩罚性赔偿在性质、功能以及适用条件方面均存在显著区别，但依据现行《专利法》第 71 条的规定，"情节"既是确定法定赔偿的因素，又是确定惩罚性赔偿的因素，同时"规模"和"损害结果"应属于情节的范畴，单列出来令人费解。从规范角度分析，同一要素不应进行二次评估，情节仅应在确定法定赔偿时适用，不应作为确定惩罚性赔偿倍数的因素。其次，惩罚性赔偿的倍数确定（一至五倍）存在缺乏可预测性及裁量权过大的可能。

如前所述，在理论上对侵权人实现适当震慑的最优赔偿幅度应是被告因侵权所获收益，乘以反映其逃脱侵权责任概率的倒数。鉴于被告因侵权所获收益属于补偿性赔偿的典型计算方式，最终决定惩罚性赔偿倍数的核心应落脚在被告逃脱侵权责任的概率上，而评估被告逃脱侵权责任概率的要素通常与直接的侵权行为无关，更多地由侵权行为的周边事件决定，因此，确定惩罚性赔偿的倍数应评估被告逃脱责任的概率，并基于最小化惩罚性赔偿制度成本的原则进行微调。这一思路恰好也解决了现行《专利法》第 71 条将"情节"重复评估的问题。基于此，建议可从以下两个角度探索惩罚性赔偿倍数的确定因素。

第一，侵权人逃脱侵权责任的概率。依据法经济学的理论，惩罚性赔偿最重要的目的在于震慑行为人未来进行类似的侵权行为。震慑指使用惩罚以影响行为，以便最大化社会福利：各方能从其行为中获得的收益，减少防范措施的成本、造成的损害以及因为使用法律体系的成本。[1] 如前所述，专利侵权人存在极大的逃脱侵权责任的可能性。因此，最优的赔偿总数应相当于因侵权所获收益乘以侵权人逃脱责任概率的倒数，最优的惩罚性赔偿应

---

[1] POLINSKY M, SHAVELL S. Punitive Damages [C] //Boudewijn Bouckaert, Gerrit De Geest ( Eds ). Encyclopedia of Law and Economics. Cheltenham, UK: Edward Elgar, 2000 ( 11 ): 765.

为最优赔偿总数减去补偿性赔偿的差额。判定最优惩罚性赔偿倍数的因素应与侵权人逃脱侵权责任概率直接相关，因此，法院在判罚个案倍数时，应考虑侵权人是否试图掩盖侵权行为，侵权人是否在诉讼中恶意进行抗辩等。

第二，侵权人是否善意进行事前许可谈判并被不合理地拒绝许可。事前许可谈判（exante licensing negotiation），指在潜在的专利使用人（潜在的被许可人）投入为使用目标专利而产生的沉没成本前进行的许可谈判与磋商。这一许可方式能够保证谈判双方处于相对平等的地位，确保设定的许可费最大限度接近专利的商业价值。已有研究证明，当厂商之间不能够进行事前许可而只能进行事后许可，太大的专利保护宽度有损于社会福利，因为潜在的"敲竹杠"效应将使竞争者退出市场。[1] 如果侵权人曾经善意进行事前许可谈判，却被权利人不合理地拒绝许可（拒绝许可包括但不限于直接拒绝许可谈判、不合理拖延以及掠夺性许可定价），而后权利人又提出惩罚性赔偿之诉，可以合理推断：对于权利人而言，此时惩罚性赔偿的诉讼预期收益加上排除竞争的收益将远大于许可合作机制下的收益。对于此类情况，如果赋予权利人高倍数的惩罚性赔偿，一方面将助长权利人排除竞争的行为，不利于技术的转移与运用，影响消费者福利；另一方面不符合专利法鼓励事前专利许可的效率导向，增加了当事人与法院的讼累，加重了我国企业进行累积性创新的成本负担，造成了社会

---

[1] 寇宗来. 专利保护宽度和累积创新竞赛中的信息披露 [J]. 经济学（季刊），2004（2）：756.

资源的浪费且缺乏效率。基于此，建议对于侵权人曾善意进行许可磋商、权利人不合理拒绝许可的情况审慎判定高倍数的惩罚性赔偿。

对于惩罚性倍数要件的适用，可以进一步细化。美国对惩罚性赔偿的法律适用，在不同州采取不同的最高惩罚性限额。我国各地经济发展条件不一，亦可根据我国现实情况，对各省区市分别确定适合的惩罚性赔偿限额，从而指引法官行使自由裁量权。

此外，有必要进一步展开的是惩罚性赔偿的倍数适用与合理许可费规则倍数适用之间的关系。进言之，这一问题在于，适用合理许可费规则中倍数要件的情况下，能否适用惩罚性赔偿的倍数要件。早在 2012 年我国《商标法》引入惩罚性赔偿制度时，我国国家工商行政管理总局在《中华人民共和国商标法修正案（草案）》作说明时指出，对于恶意侵犯商标权，情节严重的，权利人可以请求其因侵权遭受损失、侵权人实际获利或商标许可费的 1 ~ 3 倍的惩罚性赔偿。❶按照文义解释，这一立法者说明并未表示，惩罚性赔偿可以在合理许可费规则的倍数要件之上继续适用倍数惩罚。但在后续《商标法》修正过程中，有修法意见认为，可以参照合理许可费的合理倍数确定惩罚性赔偿数额。❷这一意见最终被立法机关采纳。换言之，适用惩罚性赔偿时，合理许可费规则的倍数要件并非惩罚性赔偿的适用阻碍。

---

❶ 郎胜.中华人民共和国商标法释义［M］.北京：法律出版社，2013：179.
❷ 郎胜.中华人民共和国商标法释义［M］.北京：法律出版社，2013：235-236.

# 小　结

通过对部分利益的退让安排，赋予特定利益的优先地位，从而化解各主体间的利益冲突，方为法律的目的之一。[1]专利侵权损害赔偿规则在我国的司法适用中，存在的适用顺位架空、自由裁量权过大、裁判结果不一等种种问题，并未起到利益调节的基本作用。专利作为科技创新的激励手段，只有创造者的经济成本得到法律保障，才能真正进一步实现专利价值。专利侵权人消极提供侵权信息符合商业逻辑，在此事实基础上，实际损失规则与侵权获利规则的适用难度并不容易降低，而合理许可费规则作为权利人专利应用化、商业化活动中的基本要素，足以为专利侵权损害赔偿规则提供基本的裁判指引。更重要的是，专利合理许可费本身亦是专利市场交易价值的直接体现，以此能够对专利权人起到基本的经济保障作用。在填平原则的基础上，惩罚性赔偿制度应结合个案实际情况，考察涉案因素，严格但大胆地进行适用。自我国移植专利侵权惩罚性赔偿制度以来，我国立法已对此进行多次修正。惩罚性赔偿制度只有立足于本土环境，才能有效地发挥遏制侵权、震慑侵权的社会功能。以法定赔偿规则认定专

---

[1]　卡尔·拉伦茨. 法学方法论［M］.陈爱娥，译.北京：商务印书馆，2003：1.

利侵权损害赔偿的基本金额，并在此基础上适用惩罚性赔偿，并不能够满足惩罚性赔偿的基本要义。因此，将合理许可费规则作为一般侵权规则的主导规则，能够解决这一现实问题。司法上，应结合专利的市场价值，在具有充分依据的基础上，合理确定侵权损害赔偿基数，明确惩罚性赔偿倍数，大胆适用惩罚性赔偿制度，从而逐步形成中国特色专利侵权惩罚性赔偿制度。专利制度乃至知识产权制度关乎我国经济、社会文化、国际地位等多方要素，加强知识产权保护从而促进创新驱动，是当前新形势下的必要选择。

# 第五章　结论和展望

## 第一节　研究结论

科技革命与产业变革正实质性地改变社会生产方式，且影响着各国经济与政治关系，尤其在数字经济时代，技术创新是数字生产要素的核心驱动。专利制度基于激励创新、促进经济发展的本质作用，是催化科技与产业发展不可或缺的重要政策杠杆。专利侵权损害赔偿作为最重要的专利救济途径之一，却尚未发挥出其理想的作用。在我国过去三十余年的司法实践中，专利侵权赔偿方式、赔偿数额计算标准、举证责任分配等诸多问题，或多或少地困扰着我国专利侵权案件的司法审判工作。与此同时，对专利侵权损害赔偿问题的理论研究尚未充分关注专利的市场交易价值、专利商业化运用程度等诸多与专利相关的重要要素。这使我国专利侵权损害赔偿案件中的侵权赔偿计算标准在专利市场价值的对照下，表现出一定的不适应性。

在这一背景下，本书从专利的市场交易价值出发，回归专利的本质市场属性，以期更为准确、高效地界定专利侵权损害赔偿案件中的具体赔偿数额，修正法定赔偿规则占据主导的现状。具体而言，本书得出以下结论。

## 一、应适用专利创新绩效概念改善我国专利保护现状

现行专利侵权损害赔偿制度的价值取向不仅未能体现激励创新涤化市场的公共政策取向，亦无法有效激励企业进行专利创新。尽管司法实践中将专利商业信息作为损害赔偿的数额界定标准，但司法适用结果并不理想。本书在专利商业信息概念的基础上，通过全面地考察专利的商业价值，分析专利商业价值实现过程与实现结果，科学地提出专利创新绩效概念，兼顾对专利权人的保护，亦符合我国专利制度创新驱动发展的战略方向。专利创新绩效概念指企业在专利创新过程中的效率、产出结果及对商业成功的贡献。在司法实践中，运用专利创新绩效概念能够更为科学地评判专利研发投入与专利产出的关系，强化专利保护的司法与执法力度，从而激励企业提升研发投资以增加专利产出。

## 二、对我国专利侵权合理许可费规则的完善

合理许可费规则不仅能够在专利侵权案件中充分补偿权利人，更可以改善专利市场环境，间接推动我国专利许可市场发展。本书针对理论与实践中合理许可费规则既有的种种不足，提出以下完善建议：第一，保持既成许可费法的唯一性，维持我国司法裁判的稳定性；第二，调整合理许可费规则的适用位阶，将其与实际损失规则、侵权获利规则平行适用，提高权利人与法院适用合理许可费规则的积极性；第三，基于专利实施许可合同备案、真实履行以及专利许可双方利害关系等因素，考察许可费的真实性；第四，通过利润比较法判断许可费的合理性，并区分专利许可双方是否存在利害关系而合理分配举证责任，而非因利害关系而当然地排除该规则的适用；第五，补充"专利商业化程度"作为重要的"涉案因素"，以完善"倍数"的适用。

## 三、对我国专利侵权惩罚性赔偿制度的完善

我国引入惩罚性赔偿制度符合卡尔多－希克斯效率，能够增强原始创新和推动发明创造的实施，引导我国企业积极投入技术创新。但专利侵权惩罚性赔偿制度作为法律移植的舶来品，在我国实现社会福利最优的实施效果有赖于对我国战略利益和本土累积创新语境等本土要素的适应性调整。对此，笔者提出以下完善建议：第一，应审慎划定故意侵权的边界，将明知存在他人有效专利而积极追求或者放任侵权结果的行为界定为故意侵权；第

二，设立抑制专利投机的惩罚性赔偿金分割制度以及修正并明晰确定惩罚性赔偿倍数的合理因素，最大限度地减少该制度的实施成本，进而从法律移植中获得最优的社会福利改善，使专利侵权惩罚性赔偿制度与我国产业创新发展的需求相适应。

## 第二节　研究展望

我国目前对专利侵权损害赔偿的研究成果相对较为丰富，但通过法经济学方法论进行研究的文献还非常有限。笔者尝试对这一领域进行较为深入的研究，受限于水平和时间，本书仍存在值得进一步深入研究之处。

### 一、进一步研究专利市场交易价值在法定赔偿规则中的适用

由于统计的时间与难度的限制，本书虽提出专利市场交易价值要素在专利侵权损害赔偿中的重要性，且将其在专利合理许可费规则以及惩罚性赔偿规则中进行探讨，但未对同样作为非精准计算规则的法定赔偿规则进一步展开。对法定赔偿规则的研究，能够对我国成熟适用具体损害赔偿规则以及惩罚性赔偿规则前的阶段提供有益过渡，并为具体损害赔偿规则提供更为理想的"兜底"。

## 二、进一步研究适用专利市场交易价值的配套规则完善

专利市场交易价值虽然能够修正专利侵权损害赔偿规则的现有不足，有助于法院更为准确地判定专利侵权赔偿数额，但其仅作为判定赔偿数额的参考要素而非具体规则。因此，如何完善配套规则以更为合理地适用专利市场交易价值要素，还有待进一步深入研究。对配套规则的研究，有助于解决适用专利市场交易价值要素不准确、不合理的实践问题。

## 三、进一步扩大和更新案例样本库

受研究时间与成本的限制，笔者仅在有限范围内规模化地统计了适用合理许可费规则的专利侵权案件判决，而对适用惩罚性赔偿以及法定赔偿规则的案件未进行充分的考察与分析，以及适用经济分析的实证数据亦有待进一步更新。尽管对上述数据的分析足以为本书提供研究方向，但在后续细化研究时，对上述数据还有待进一步补充和更新，从而提升后续研究的准确性与科学性。

# 参考文献

## 一、著作

［1］国家知识产权局条法司.新专利法详解［M］.北京：知识产权出版社，2001.

［2］胡晶晶.专利侵权损害赔偿额之确定：中德日比较研究［M］.武汉：华中科技大学出版社，2019.

［3］郎胜.中华人民共和国商标法释义［M］.北京：法律出版社，2013.

［4］芮沐.民法法律行为理论之全部（民总债合编）［M］.北京：中国政法大学出版社，2003.

［5］汤宗舜.专利法教程［M］.北京：法律出版社，2003.

［6］徐红菊.专利许可法律问题研究［M］.北京：法律出版社，2007.

［7］张鹏.专利侵权损害赔偿制度研究：基本原理与法律适用［M］.北京：知识产权出版社，2017.

［8］张新宝.侵权责任法原理［M］.北京：中国人民大学出版社，2005.

［9］卡尔·拉伦茨.法学方法论［M］.陈爱娥，译.北京：

商务印书馆，2003.

　　［10］康芒斯.制度经济学（下册）［M］.北京：商务印书馆，1962.

　　［11］罗伯特·考特，托马斯·尤伦.法和经济学［M］.史晋川，董雪兵，等译.上海：格致出版社，2012.

　　［12］ANATOLE K，RICHARD T M，NELSEN L，et al. Intellectual Property Management in Health and Agricultural Innovation：A Handbook of Best Practices［M］.Oxford：Mihr，Davis California：Pipra，2007.

　　［13］BARIATTI S.Litigating Intellectual Property Rights Disputes Cross-Border：EU Regulations，ALI Principles［M］.CLIP Project，2010.

　　［14］BURROWSP，VELJANOVSKI C G.The Economic Approach to Law［M］.London：Butterworths，1981.

　　［15］CONGRESS U S. Office of Technology Assessment，Innovation and Commercialization of Emerging Technology［M］. Washington，DC：U.S.Government Printing Office，1995.

　　［16］COOTER R D，ULEN T. Law and Economics［M］.Upper Saddle River：Prentice Hall，2011.

　　［17］NORTH，DOUGLASS C，THOMAS R P.The Rise of the Western World：A New Economic History［M］.New York：Cambridge University Press，1973.

　　［18］PAIK Y，ZHU F. The Impact of Patent Wars on Firm Strategy：Evidence from the Global Smartphone Market［M］.

Cambridge：Harvard Business School，2013.

## 二、论文

［1］陈朝晖，谢薇.专利商业化激励：理论、模式与政策分析［J］.科研管理，2012，33（12）.

［2］陈劲，陈钰芬.企业技术创新绩效评价指标体系研究［J］.科学学与科学技术管理，2006（3）.

［3］陈子烨，李滨.中国摆脱依附式发展与中美贸易冲突根源［J］.世界经济与政治，2020（3）.

［4］戴哲，张芸芝.德国专利侵权损害赔偿额的计算方法及启示［J］.重庆理工大学学报（社会科学版），2017（4）.

［5］范晓波.以许可使用费确定专利侵权损害赔偿额探析［J］.知识产权，2016（8）.

［6］傅家骥，姜彦福，雷家骕.技术创新理论的发展［J］.经济学动态，1991（7）.

［7］高建，汪剑飞，魏平.企业技术创新绩效指标：现状、问题和新概念模型［J］科研管理，2004（S1）.

［8］和育东，石红艳，林声烨.知识产权侵权引入惩罚性赔偿之辩［J］.知识产权，2013（3）.

［9］胡晶晶.德国法中的专利侵权损害赔偿计算：以德国《专利法》第139条与德国《民事诉讼法》第287条为中心［J］.西北政法大学学报，2018（4）.

［10］蒋华胜.知识产权损害赔偿的市场价值与司法裁判规

则的法律构造［J］.知识产权，2017（7）.

［11］李军，朱雪忠.我国著作权侵权赔偿中的合理许可费制度研究：以《德国著作权法》为参照［J］.出版科学，2017，25（4）.

［12］李晓秋.专利侵权惩罚性赔偿制度：引入抑或摒弃［J］.法商研究，2013，30（4）.

［13］刘洋.专利制度的产权经济学解释及其政策取向［J］.知识产权，2009，19（3）.

［14］龙小宁，易巍，林志帆.知识产权保护的价值有多大？：来自中国上市公司专利数据的经验证据［J］.金融研究，2018（8）.

［15］罗莉.论惩罚性赔偿在知识产权法中的引进及实施［J］.法学，2014（4）.

［16］马光荣.制度、企业生产率与资源配置效率：基于中国市场化转型的研究［J］.财贸经济，2014（8）.

［17］缪宇.作为损害赔偿计算方式的合理许可使用费标准［J］.武汉大学学报（哲学社会科学版），2019（6）.

［18］阮开欣.美国专利侵权惩罚性赔偿的经验和借鉴：兼评美国最高法院 Halo 案判决［J］.法律适用，2017（10）.

［19］王磊，赖石成.中国经济改革过程中的制度分析：以诺斯的制度理论透视当下中国经济改革［J］.现代管理科学，2015（3）.

［20］吴超鹏，唐菂.知识产权保护执法力度、技术创新与企业绩效：来自中国上市公司的证据［J］.经济研究，2016，51

（11）.

［21］吴汉东.知识产权损害赔偿的市场价值分析：理论、规则与方法［J］.法学评论，2018，36（1）.

［22］吴汉东.利弊之间：知识产权制度的政策科学分析［J］.法商研究，2006（5）.

［23］徐小奔.论专利侵权合理许可费赔偿条款的适用［J］.法商研究，2016，33（5）.

［24］张红.侵权责任之惩罚性赔偿［J］.武汉大学学报（哲学社会科学版），2020（1）.

［25］张涛，李刚.企业知识产权价值及其评价研究［J］.改革与战略，2006（8）.

［26］张新宝，李倩.惩罚性赔偿的立法选择［J］.清华法学，2009（4）.

［27］张扬欢.专利侵权之许可费损失赔偿研究［J］.电子知识产权，2017（12）.

［28］祝建军.标准必要专利全球许可费率司法裁判问题研究［J］.知识产权，2020（10）.

［29］驣木将文.特許権侵害に基づく損害賠償［J］.日本工業所有権法学会年報，2017（41）.

［30］BEKKERSR，WEST J. The Effect of Strategic Patenting on Cumulative Innovation In UMTS Standardization［J］.Dime Working Papers on Intellectual Property Rights，2006（9）.

［31］BENJAMIN N R.The Case for Tailoring Patent Awards Based on The Time-to-market of Inventions［J］.UCLA Law Review，

2014.

［32］BENTLEY M D W. Law, Economics and Politics: The Untold History of the Due Process Limitation on Punitive Damages ［J］. Roger Williams UL Rev, 2012（17）.

［33］CHRISTOPHER B S. Reconsidering the Georgia-Pacific Standard for Reasonable Royalty Patent Damages ［J］.Brigham Young University Law Review, 2010.

［34］COASE R H. The Problem of Social Cost ［J］.The Journal of Law and Economics, 1960（1）.

［35］COTTER T F.An Economic Analysis of Enhanced Damages and Attorney's Fees for Willful Patent Infringement ［J］.The Federal Circuit Bar Journals, 2004（14）.

［36］CRUMP D.Evidence, Economics and Ethics: What Information Should Jurors Be Given to Determine the Amount of a Punitive-Damage Award ［J］.Maryland Law Review, 1998（1）.

［37］DAVID P A.New Technology, Diffusion, Public Policy and Industrial Competitiveness ［C］//Ralph Landau, Nathan Rosenberg, and National Academy of Engineering（eds）, The Positive Sum Strategy: Harnessing Technology For Economic Growth, Nabu Press, 2013.

［38］DODGE R E. Reasonable Royalty Patent Infringement Damages: A Proposal for More Predictable, Reliable, and Reviewable Standards of Admissibility and Proof for Determining a Reasonable Royalty ［J］.Indiana Law Review, 2014（48）.

[39] ELIZABETH W, PAUL H J. Do Patents Matter for Commercialization?[J].Journal of Law and Economics, 2011 (2).

[40] FORSBERG H.Diminishing the Attractiveness of Trolling: The Impacts of Recent Judicial Activity on Non-Practicing Entities [J]. Pittsburgh Journal of Technology Law and Policy, 2012 (12).

[41] HAUSMAN J A, HALL B H, GRILICHES Z.Econometric Models for Count Data with An Application to The Patents-R&D Relationship [J].1984 (52).

[42] JEFFREY F.Beyond Patents [J].Issues in Science & Technology, 2018 (4).

[43] JERUSS S, FELDMAN R, EWING T.The AIA 500 Expanded: The Effects of Patent Monetization Entities [J].UCLA J.L.& Tech, 2013 (1).

[44]KATZ L, SHAPIRO C.On the Licensing of Innovation [J]. The RAND Journal of Economics, 1985 (4).

[45] KRISTEN O. Formerly Manufacturing Entities: Piercing the Patent Troll Rhetoric [J].Connecticut Law Review, 2014 (47).

[46] LANCE W. Keeping Up with the Game: The Use of the Nash Bargaining Solution in Patent Infringement Cases [J].Santa Clara High.Tech.L.J, 2015 (31).

[47] LEMLEY, MARK A, SHAPIRO, et al. Patent Holdup and Royalty Stacking [J].Texas Law Review, 2006 (85).

[48] LEMLEY K M.Eliminating Value of Infringement: An Economic Analysis of Internal Transactions and Indirect External

Transactions in Software Infringement Cases［J］.IDEA，2004（45）．

［49］MANSFIELD E.Industrial Research and Technological Innovation：An Econometric Analysis［J］.Economica，1971（38）．

［50］MCKEON M J.Patent Marking，Notice Statute：A Question of Fact or Act［J］.Harv. J L & Tech，1996（9）．

［51］MITCHELL P，STEVEN S. Punitive Damages［C］// Boudewijn Bouckaert，Gerrit De Geest（Eds），Encyclopedia of Law and Economics，Cheltenham，UK: Edward Elgar，2000（11）．

［52］NAGAOKA S. Determinants of High-Royalty Contracts and the Impact of Stronger Protection of Intellectual Property Rights in Japan［J］.Journal of the Japanese and International Economies，2005（2）．

［53］NILSON S，AXEL. The Unpredictability of Patent Litigation Damage Awards：Causes and Comparative Notes［J］.Intellectual Property Brief，2012（3）．

［54］REICHMAN J H.Of Green Tulips and Legal Kudzu：Repackaging Rights in Subpatentable Innovation［J］.Vand.L.Rev.，2000（53）．

［55］ROBERT D.Cooter.Punitive Damages，Social Norms and Economic Analysis［J］.Law and Contemporary Problems，1997（2）．

［56］ROSEMARIE H Z，BRONWYN H H. The Effects of Strengthening Patent Rights on Firms Engaged in Cumulative Innovation：Insights from the Semiconductor Industry［C］//Gary Libecap，ed，Vol.13 of Advances in the Study of Entrepreneurship，

Innovation and Economic Growth, Entrepreneurial Inputs and Outcomes: New Studies of Entrepreneurship in the United States, Amsterdam: Elsevier Science, 2001.

［57］SICHELMAN T .Commercialization Patents ［J］.Stanford Law Review, 2010（2）.

［58］SINAI O T. Cumulative Innovation in Patent Law: Making Sense of Incentives ［J］.IDEA: The Intellectual Property Law Review, 2010（4）.

［59］STUART J H, GRAHAM. High Technology Entrepreneurs and the Patent System: Results of the 2008 Berkeley Patent Survey ［J］, Berkeley Tech.L. J., 2009（24）.

［60］THOMAS F C. Four Principles for Calculating Reasonable Royalties in Patent Infringement Litigation ［J］.Santa Clara Computer & High Tech.L.J., 2010（27）.

［61］THOMAS W E. Bringing New Materials to Market ［J］. Technology Reviews, 1995（45）.

［62］YANG Y Y. A Patent Problem: Can the Chinese Courts Compare with the U.S.in Providing Patent Holders Adequate Monetary Damages ［J］. Journal of Patent and Trademark Office Society, 2014（96）.

## 三、报纸

［1］毛振华."专利大国"遭遇"专利之痛"［N］.科技日报, 2015-07-22.

［2］朱理，郃中林. 知识产权侵权责任若干问题——知识产权侵权责任调研课题成果论证会综述［N］. 人民法院报，2008-09-25.

## 四、学位论文

赖创奇. 专利侵权损害赔偿中的合理许可费研究［D］. 广州：华南理工大学，2020.

## 五、法律文件

［1］德国 Patentgesetz § 139.
［2］美国 2012 年 35 U.S.C § 284.
［3］美国 1977 年 Patents Act，c.37， § 61.

## 六、判例

［1］安徽省高级人民法院（2020）皖民终 1199 号判决书。
［2］湖南省长沙市中级人民法院（2009）民三初字第 0101号民事判决书。
［3］广东省高级人民法院（2013）粤高法民三终字第 306 号判决书。
［4］广东省高级人民法院（2017）粤民终 2080 号民事判决书。
［5］长沙市中级人民法院（2009）民三初字第 0101 号民事

判决书。

［6］广东省高级人民法院（2018）粤民终 1345 号判决书。

［7］广东省高级人民法院（2019）粤民终 1233 号判决书。

［8］广东省深圳市中级人民法院（2017）粤 03 民初 1098 号民事判决书。

［9］Cornell University v.Hewlett-Packard Co., No.01-CV-1974, 2008 WL 2222189, at*2（N.D.N.Y.May 27, 2008）.

［10］Dowagiac Mfg. Co. v. Minn. Moline Plow Co., 235 U.S.641, 648（1915）.

［11］eBay Inc. v. MercExchange, L.L.C., 547 U.S.388（2006）.

［12］Fromson v. WesternLitho Plate & Supply Co., 853 F.2d 1568（1988）.

［13］Garretson v. Clark, 111 U.S.120（1884）.

［14］Georgia-Pacific Corp. v. United States Plywood Corp., 18 F.Supp.1116（S.D.N.Y.1970）.

［15］Maxwell v. J.Baker, Inc., 86 F.3d 1098, 1109（Fed. Cir.1996）.

［16］Mobil Oil Corp. v. Amoco Chems. Corp., 915 F.Supp.1333, 1342（D.Del.1994）.

［17］Panduit Corp. v. StahlinBros. Fibre Works, Inc., 575F2d 1152, 197 USPQ 726（6th Cir.1978）.

［18］Richardson v. Susuki Motor Co. Ltd, 868 F.2d 1226, 1246-47, 9 U.S.P.Q 2D 1913（Fed.Cir.1989）.

［19］Rite-Hite Corp. v. Kelly Co., 56 F.3d 1538（Fed.Cir.1995）.

［20］Rude v. Westcott，130 U.S.152，164-65（1889）.

［21］Twm Manufacturing Co. v. Dura Corp.，789 F.2d 895（Fed. Cir.1986），cert.denied，479 U.S.852（1986）.

［22］Underwater Devices Inc. v. Morrison-Knudsen Co.，717 F.2d 1380，1389（Fed.Cir.1983），overruled by In re Seagate Tech.，LLC，497 F.3d 1360（Fed Cir.2007）（en banc）.

## 七、电子文献

［1］国家知识产权局规划发展局 .2013 年中国有效专利年度报告（一）［R/OL］.［2015-08-05］. http：//www.sipo.gov.cn/ghfzs/zltjjb/201503/P020150325527033534175.pdf.

［2］国家知识产权局 .2019 年中国专利调查报告［R/OL］.［2021-02-15］.https：//www.cnipa.gov.cn/module/download/down.jsp?i_ID=40213&colID=88.

［3］国家知识产权局 .2020 年中国专利调查报告［R/OL］.［2021-02-15］.http：//www.cnipa.gov.cn/module/download/downfile.jsp?classid=0&showname=2020 年中国专利调查报告 .pdf&filename=b6bf2ef6f8b74b8bb0f954de18e4830e.pdf.

［4］Executive Office of the President.Patent Assertion and U.S.Innovation［EB/OL］.［2015-06-17］, http：//www.whitehouse.gov/sites/default/files/docs/patent_report.pdf.

［5］Freshfields Brunkhaus Deringer.A Guide to Patent Litigation［EB/OL］.［2015-08-05］.http：//www.freshfields.com/

uploadedFiles/SiteWide/Knowledge/A%20Guide%20to%20Patent%20Litigation%20in%20the%20PRC.PDF.

［6］Unwired Planet International Ltd v Huawei Technologies Co.Ltd&Anor（Rev 2）［2017］EWHC 2988（Pat）［EB/OL］.（2017-11-30）［2022-02-21］.http：//www.bailii.org/ew/cases/EWHC/Patents/2017/2988.html.

［7］PWC.2013 Patent Litigation Study［EB/OL］.［2015-08-06］.http：//www.pwc.com/en_US/us/forensic-services/publications/assets/2013-patent-litigation-study.pdf.

［8］PWC.2018 Patent Litigation Study［EB/OL］.［2021-02-15］.https：//www.ipwatchdog.com/wp-content/uploads/2018/09/2018-pwc-patent-litigation-study.pdf.

［9］The World Bank.Charges for the Use of Intellectual Property［EB/OL］.［2021-02-15］.https：//data.worldbank.org/indicator/BX.GSR.ROYL.CD.